La cofradía de los ojos

El arte felino de
José Luis Loría Méndez

Texto de Louis E.V. Nevaer

La cofradía de los ojos: El arte felino de José Luis Loría Méndez
Copyright © 2014 by Casa Catherwood, an imprint of Hispanic Economics, Inc. Manufactured in the United States of America. All rights reserved. No part of this book may be reproduced in any form or by any means, electronic or mechanical, including photocopying, recording, or by information storage and retrieval systems—except by a reviewer who may quote brief passages in a review to be printed in a magazine, newspaper or on the Web—without permission in writing from the publisher.
This book is presented solely for educational and entertainment purposes. Names, characters, places and incidents either are products of the author's imagination or are used fictitiously. Any resemblance to actual events or locales or persons, living or dead, is entirely coincidental. No liability is assumed for damages resulting from the use of information contained herein.
This is a work of fiction in its entirety, probably because cats cannot speak.
First printing 2014
Publication date: April 2014

ATTENTION CORPORATIONS, UNIVERSITIES, COLLEGES, AND PROFESSIONAL AND CHARITABLE ORGANIZATIONS: Quantity discounts are available on bulk purchases of this book for educational and gift purposes, or as premiums in fundraising efforts. Inquiries should be sent to:

info@hispaniceconomics.com.
Casa Catherwood
Calle 59 #572, por 72 & 74
Colonia Centro
Mérida, Yucatán, Mexico
www.casa-catherwood.com
info@casa-catherwood.com

Casa Catherwood is an imprint of Hispanic Economics, Inc.
P.O. Box 140681
Coral Gables, FL 33114-0681
info@hispaniceconomics.com

ISBN 978-1-939879-09-7

Cover and Interior Design by John Clifton
john@johnclifton.net

Contents

1   Ava Gardner   ~   31

2   Cardinal Richelieu   ~   33

3   Catalina II de Rusia   ~   35

4   Ching Shih   ~   37

5   Donatien Alphonse François   ~   40

6   Edward Gorey   ~   42

7   Euclides   ~   44

8   Fidel Castro   ~   46

9   León Trotsky   ~   49

10   Louis Auchincloss   ~   51

11   Maquiavelo   ~   53

12   María Félix   ~   55

13   Marilyn Monroe   ~   57

14   Jacqueline Kennedy   ~   59

15   Murasaki Shikibu   ~   60

16 San Martín de Porres ~ 62

17 Savitribai Jyotirao Phule ~ 64

18 El gato de septiembre ~ 66

19 Shosheng I ~ 68

20 Sor Juana ~ 70

21 T. S. Eliot ~ 73

22 Tallulah Bankhead ~ 75

23 Tennessee Williams ~ 77

24 Truman Capote ~ 79

25 Victoria Ocampo ~ 82

26 Zelda Fitzgerald ~ 84

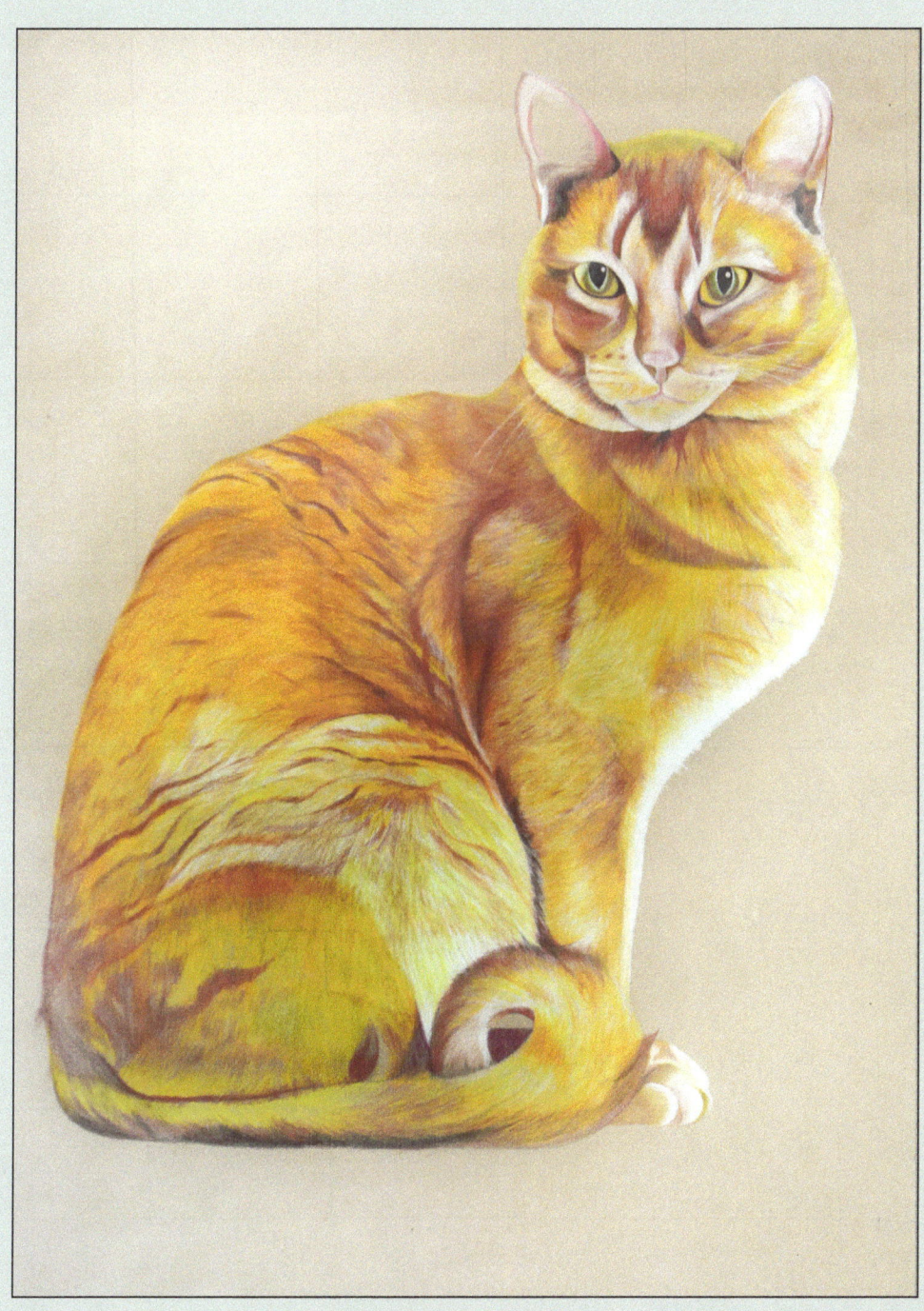

1.

Nombre: Gato Americano de pelo corto

Técnica: Lápiz de color sobre papel

Medidas: 1.65 x 1.30 metros

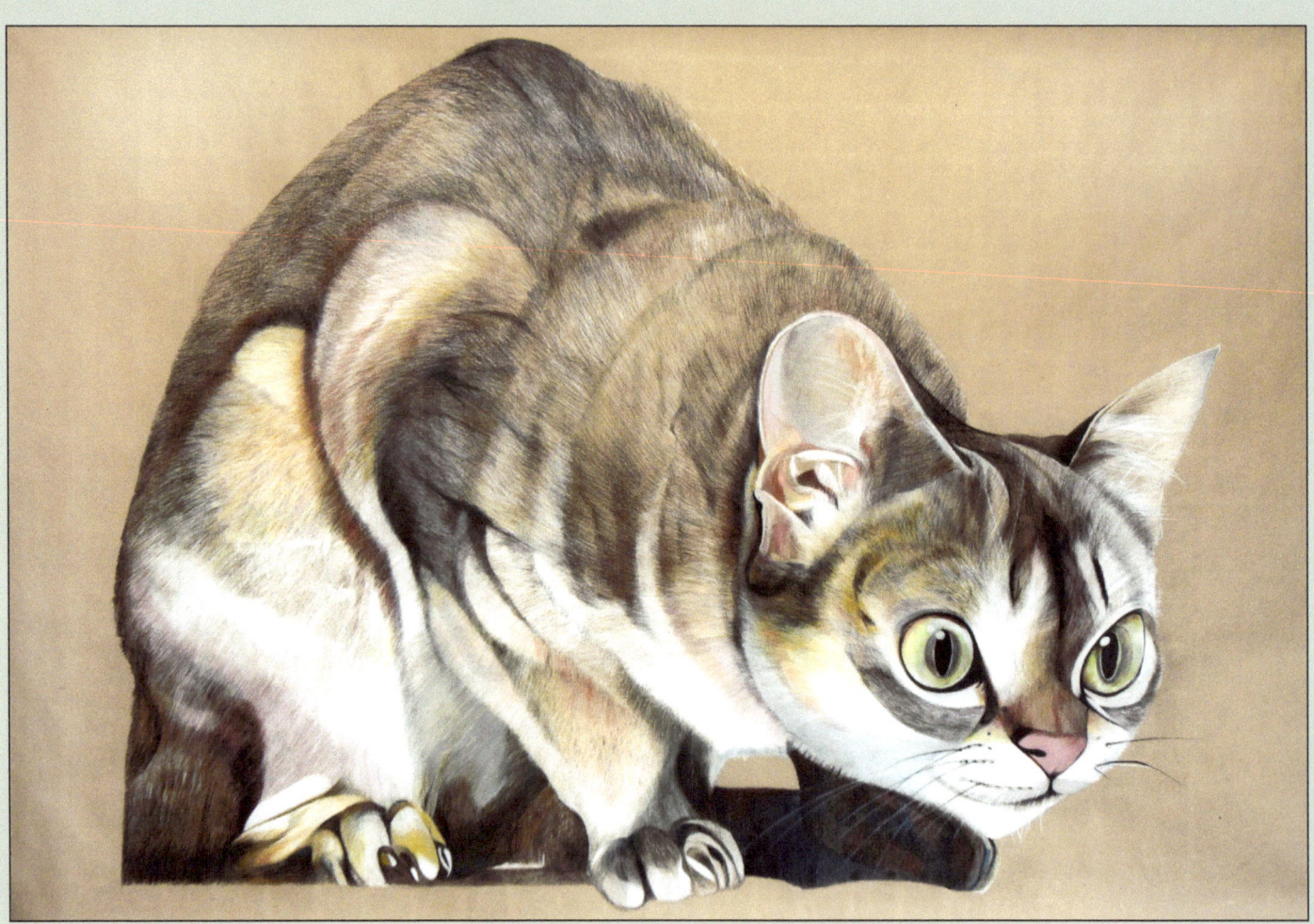

2.
Nombre: Singapur
Técnica: Lápiz de color sobre papel
Medidas: 1.92 x 1.50 metros

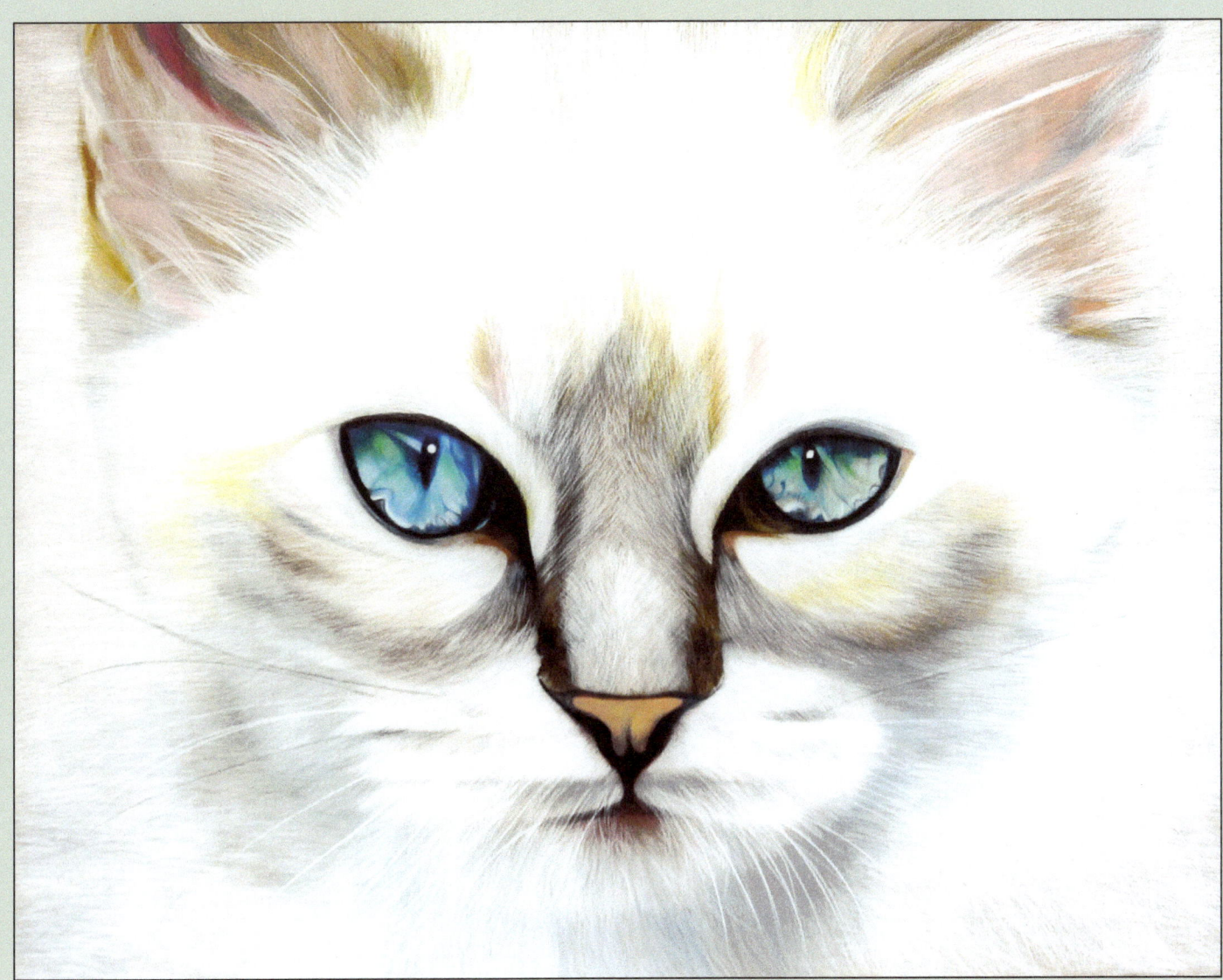

3.
Nombre: "Espuma"
Técnica: Lápiz de color sobre papel
Medidas: 2.00 x 1.50 metros

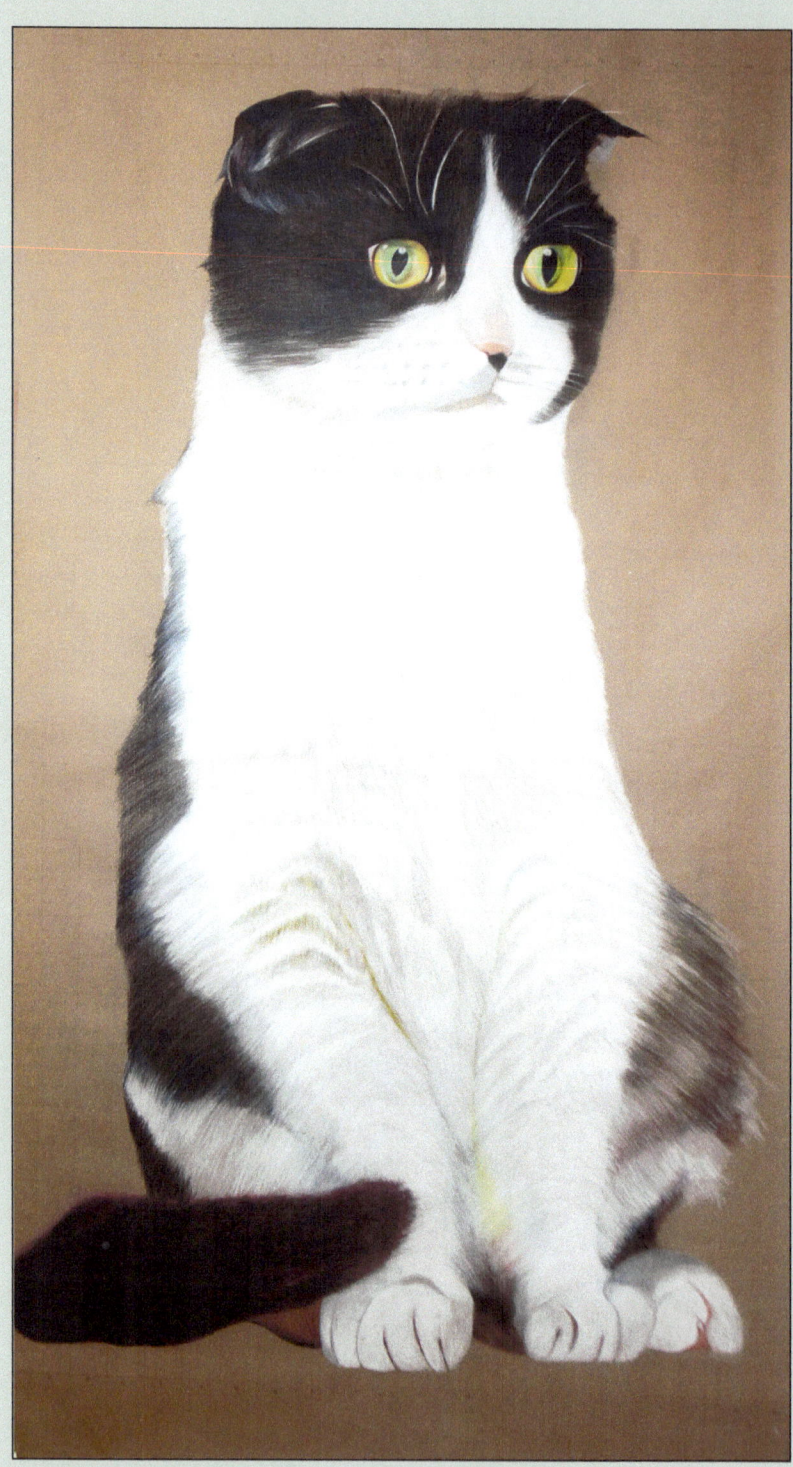

4.

Nombre: Scottish Fold
Técnica: Lápiz de color sobre papel
Medidas: 3.00 x 1.50 metros

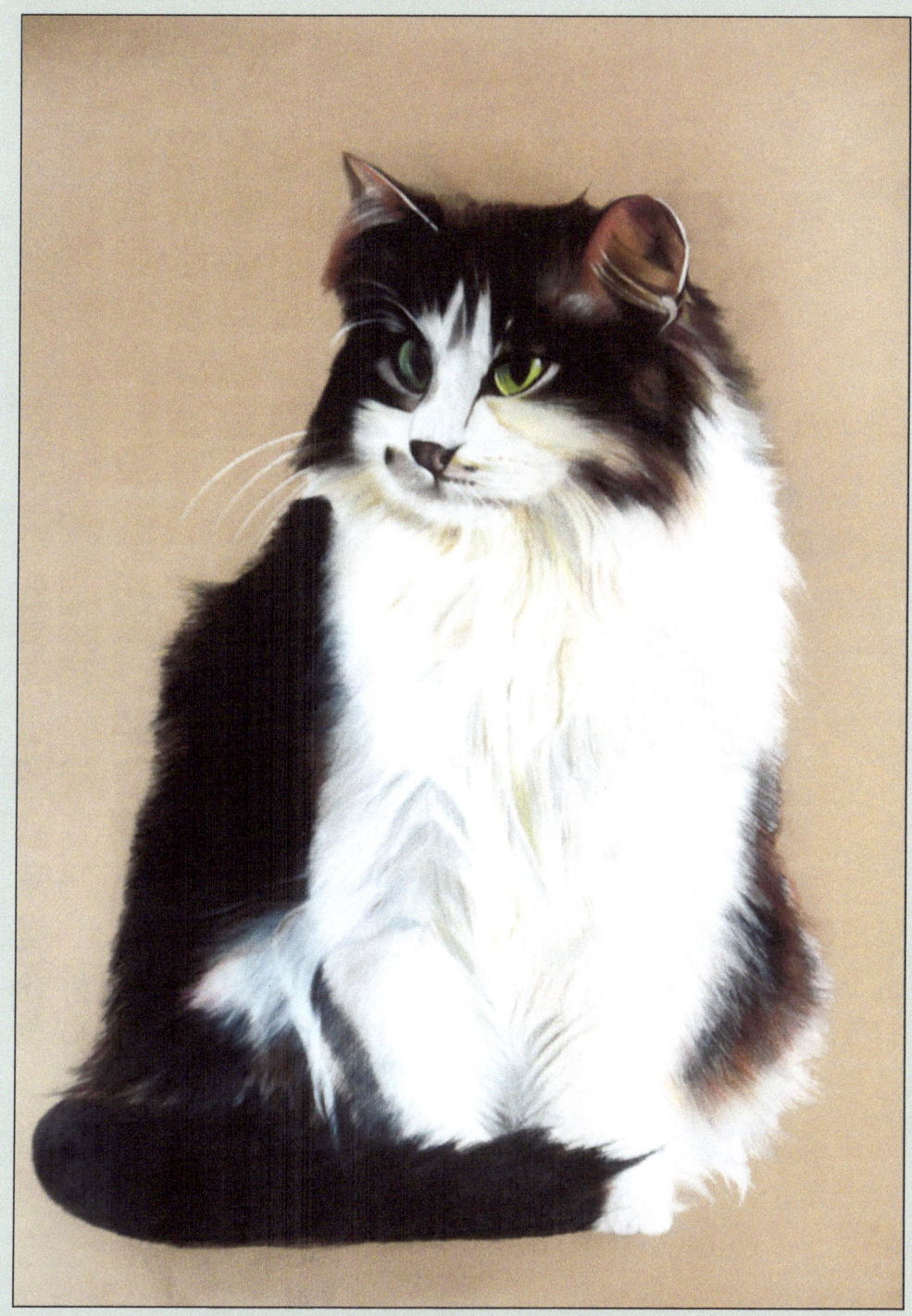

5.

Nombre: Siberiano

Técnica: Lápiz de color sobre papel

Medidas: 1.57 x 1.22 metros

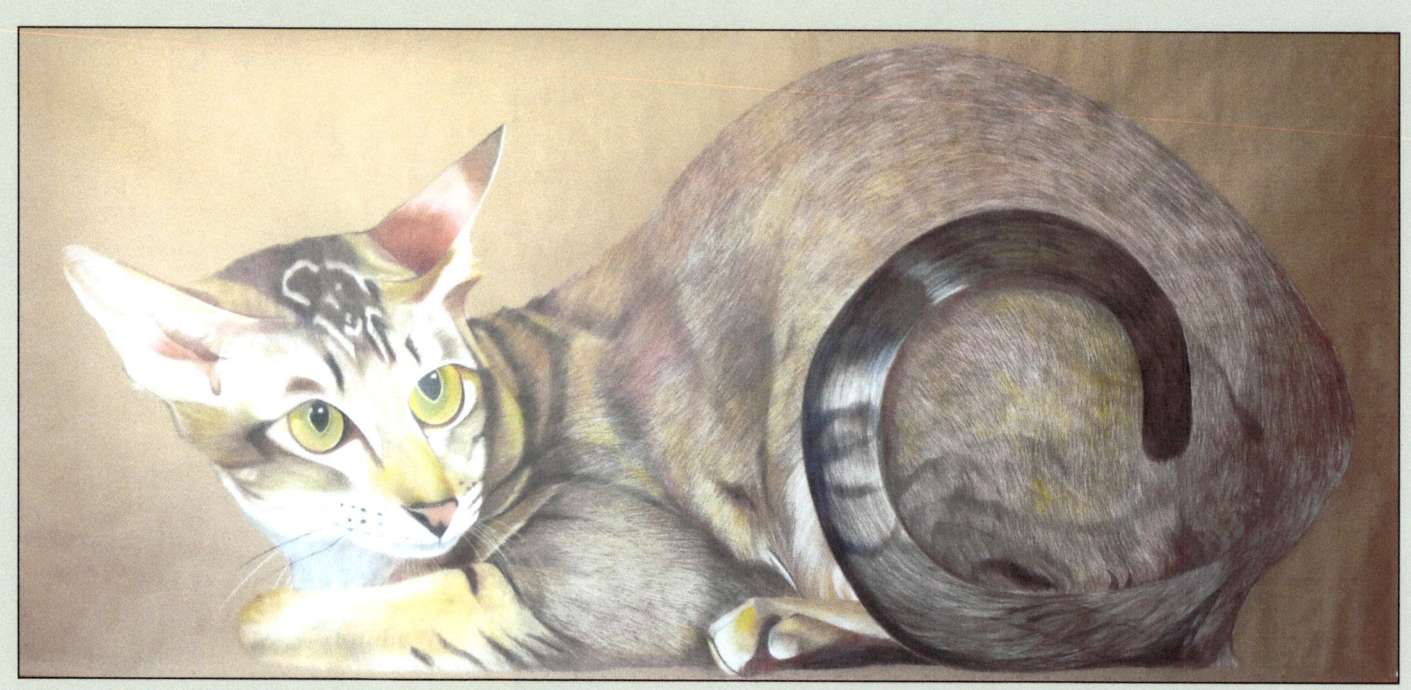

6.

Nombre: Havana Oriental

Técnica: Lápiz de color sobre papel

Medidas: 2.80 x 1.50 metros

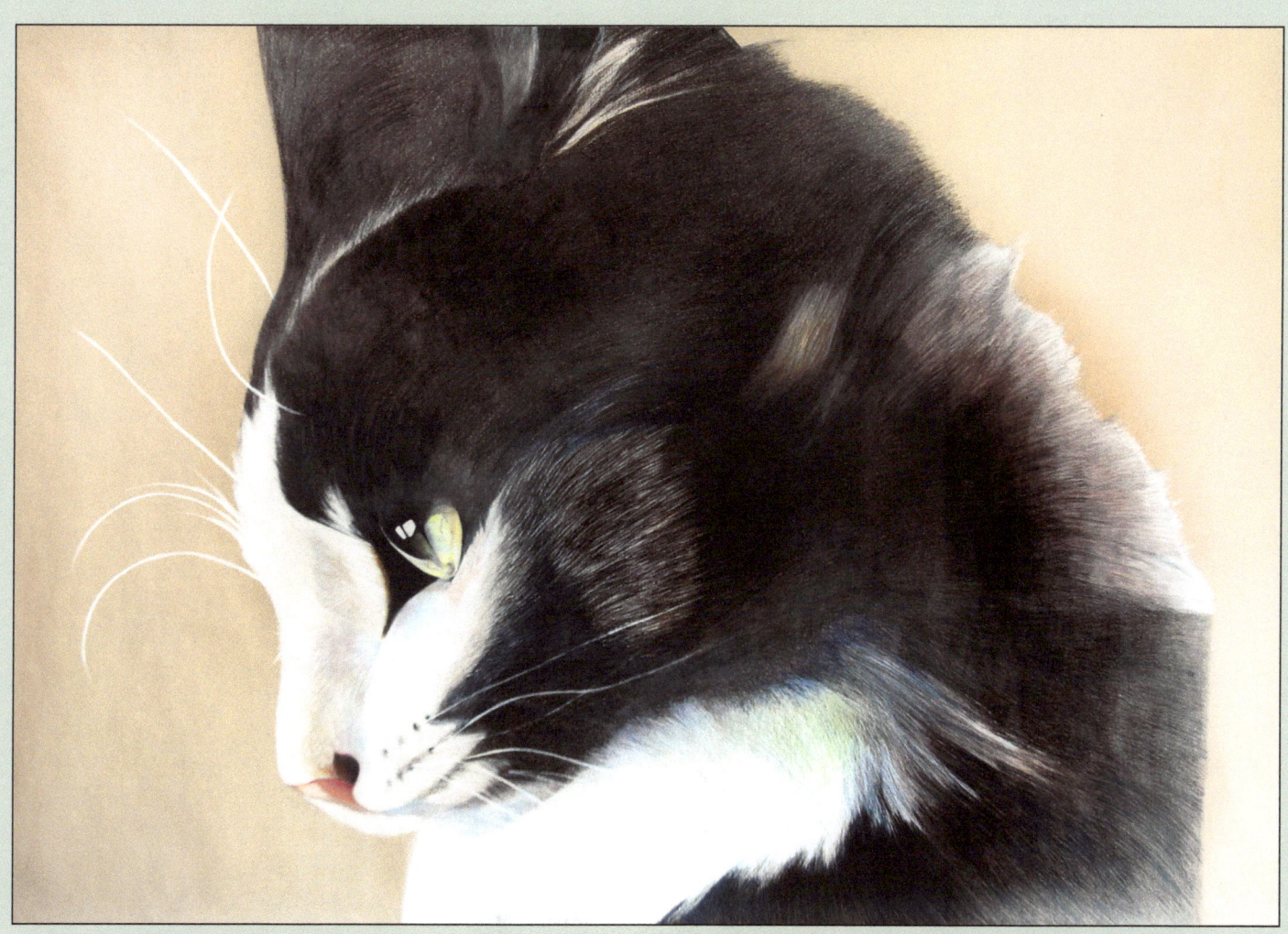

7.

Nombre : "Kokochito" (de perfil)

Técnica: Lápiz de color sobre papel

Medidas: 1.88 x 1.50 metros

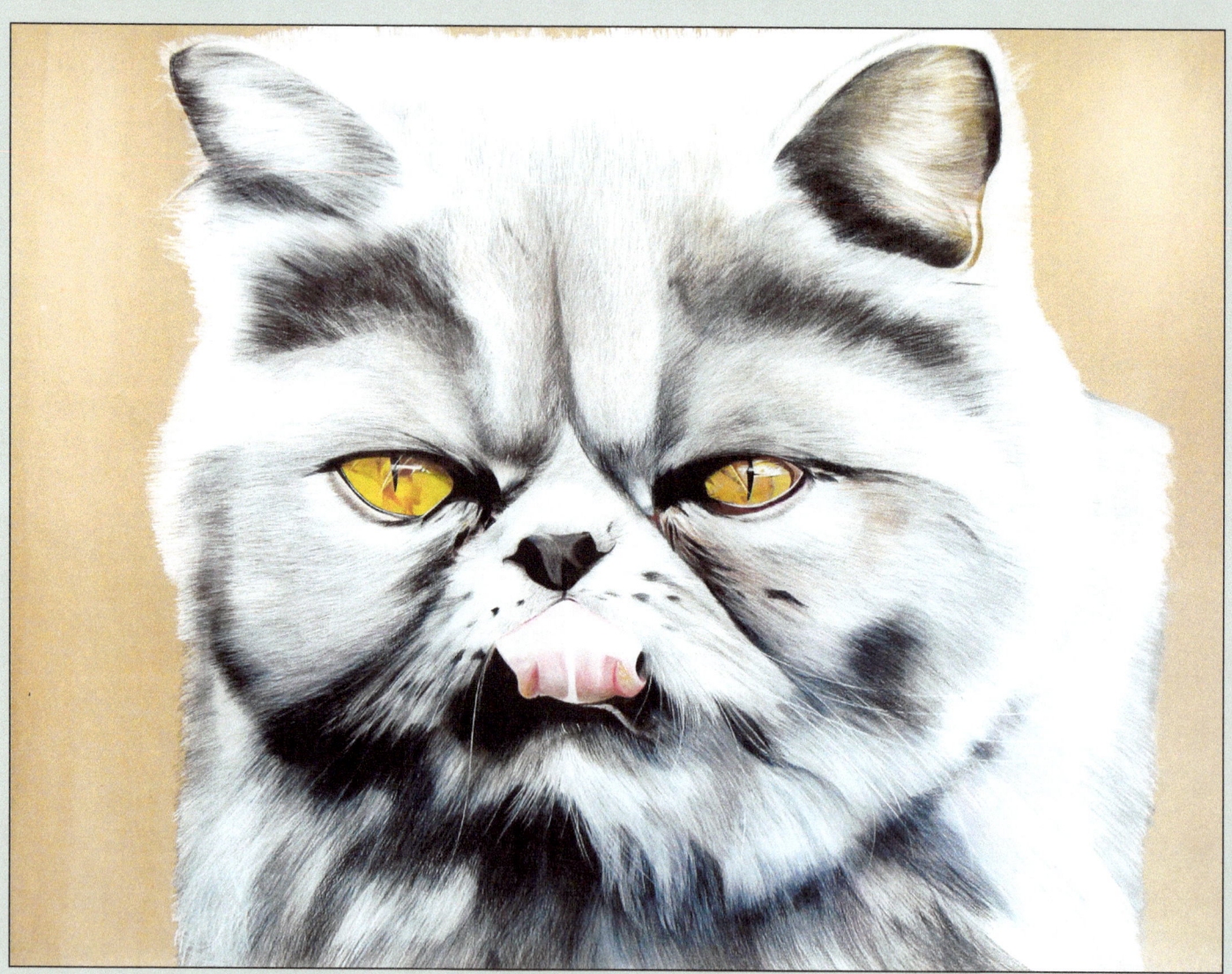

8.
Nombre :"Cleo" (rostro)
Técnica: Lápiz de color sobre papel
Medidas: 1.62 x 1.50 metros

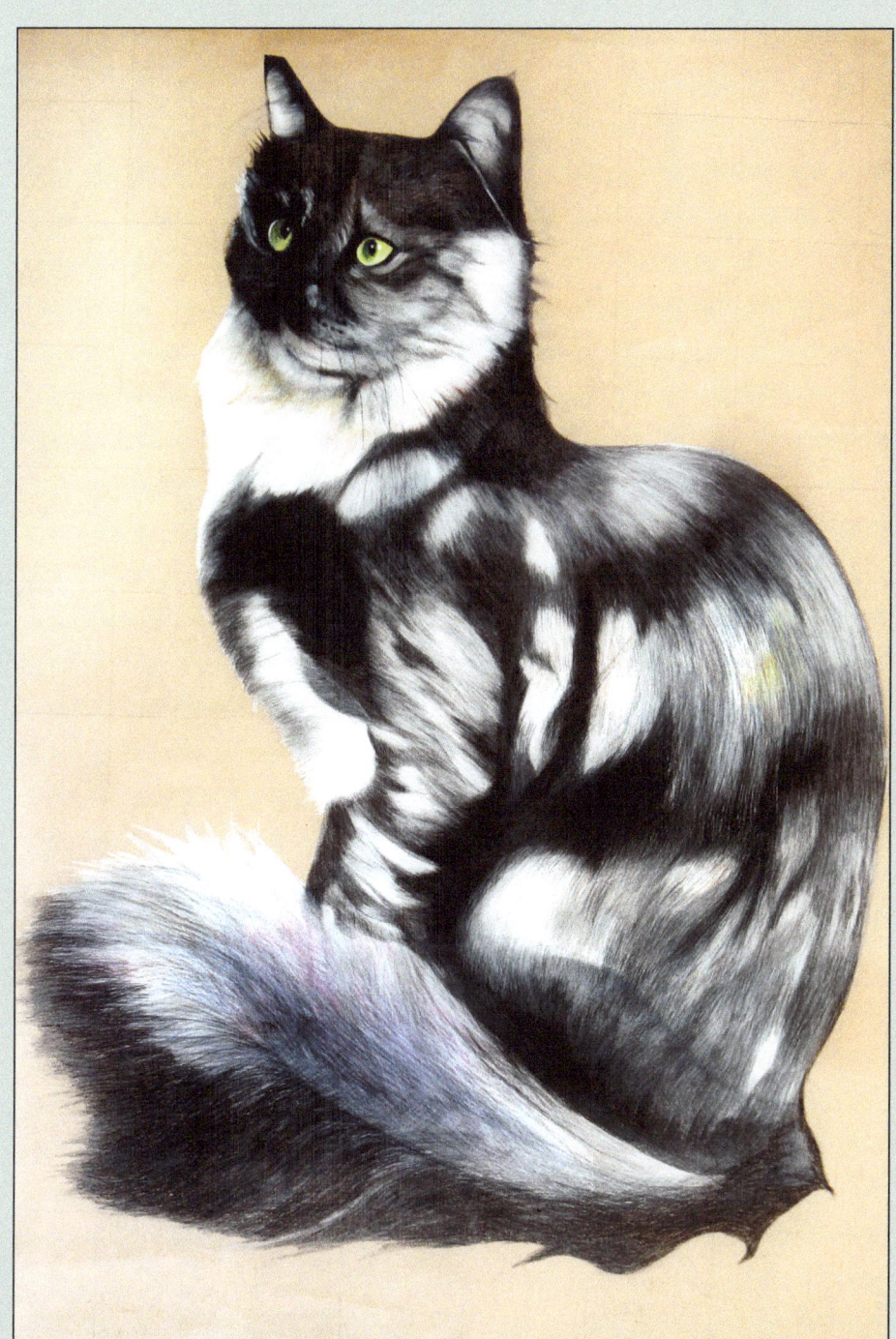

9.

Nombre : Angora Turco
Técnica: Lápiz de color sobre papel
Medidas: 2.20 x 1.50 metros
Autor: José Luis Loria Méndez

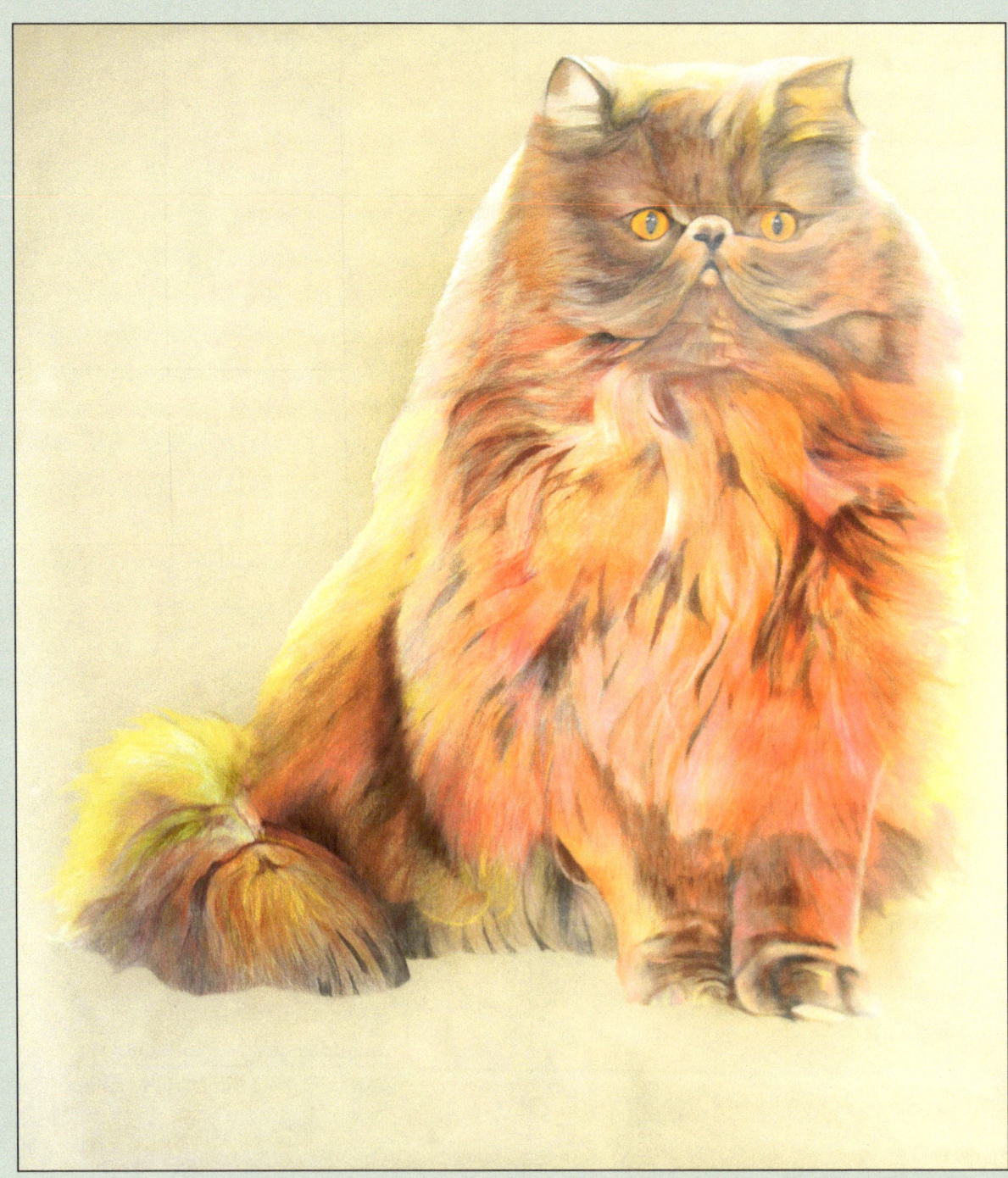

10.

Nombre: Persa Rojo

Técnica: Lápiz de color sobre papel

Medidas: 1.50 x 1.50 metros

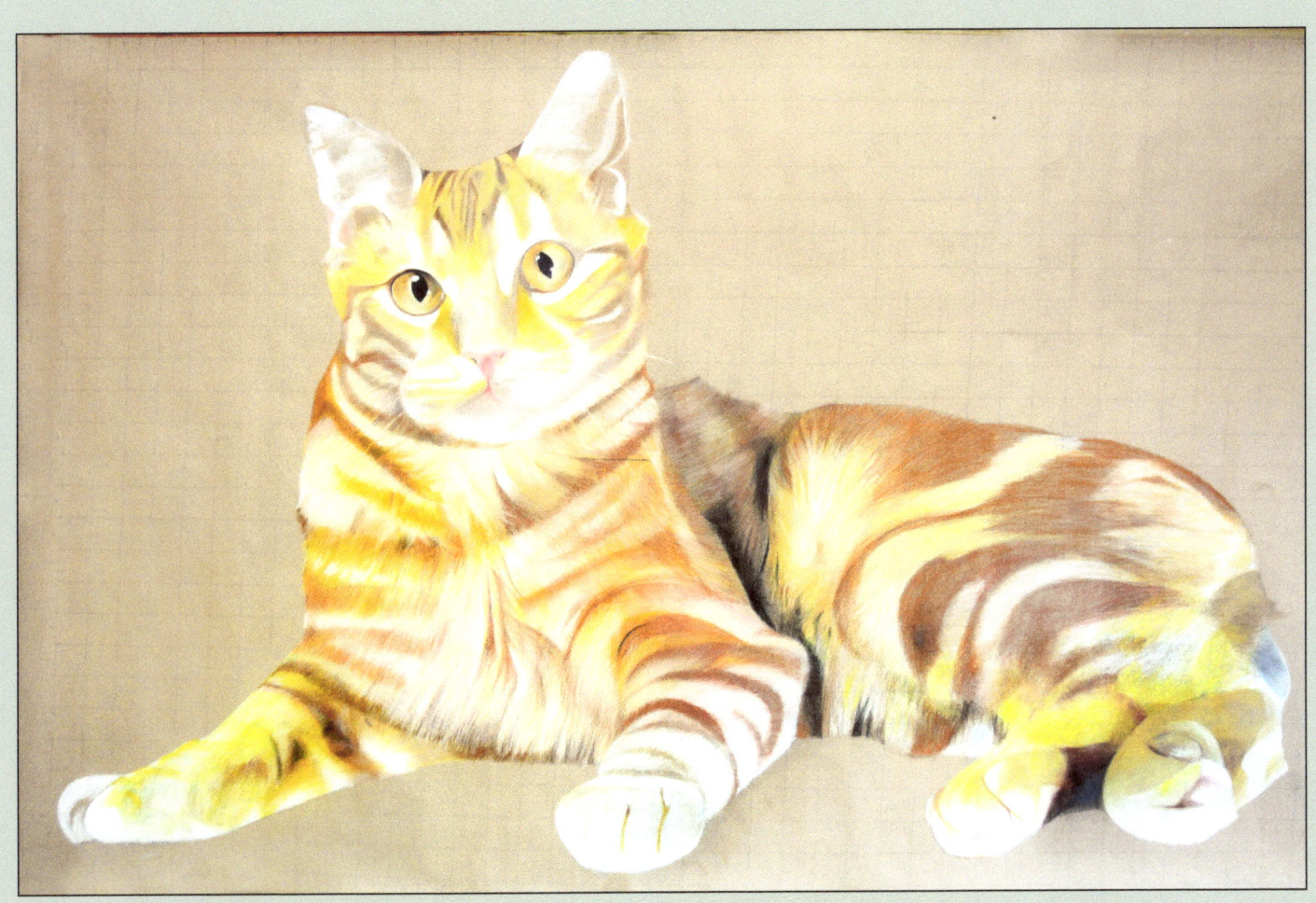

11.

Nombre : Kurilian Bobtail

Técnica: Lápiz de color sobre papel

Medidas: 2.20 x 1.50 metros

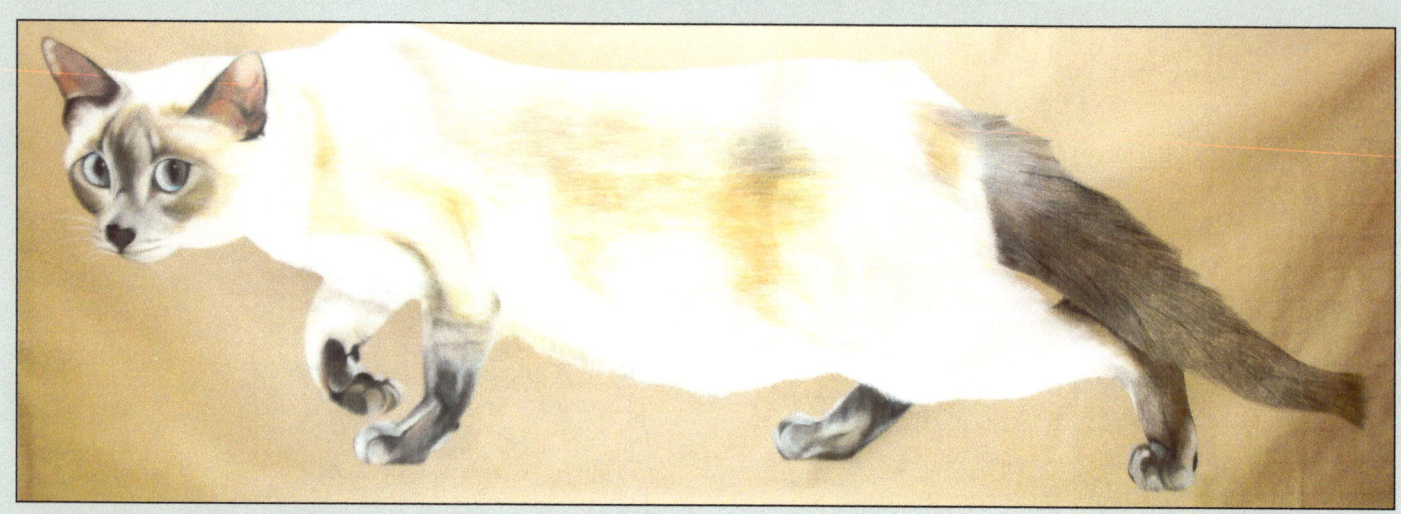

12.

Nombre : Siamés Seal Point
Técnica: Lápiz de color sobre papel
Medidas: 4.00 x 1.50 metros

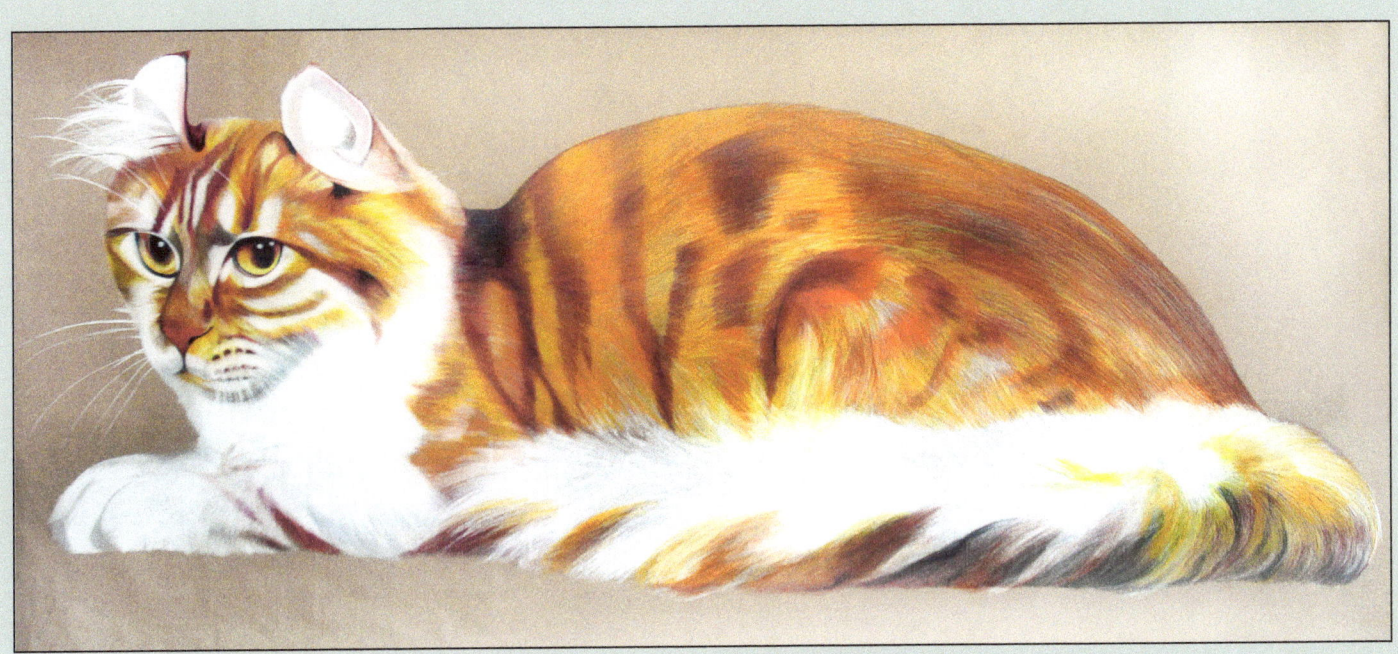

13.

Nombre: American Curl
Técnica: Lápiz de color sobre papel
Medidas: 3.20 x 1.50 metros

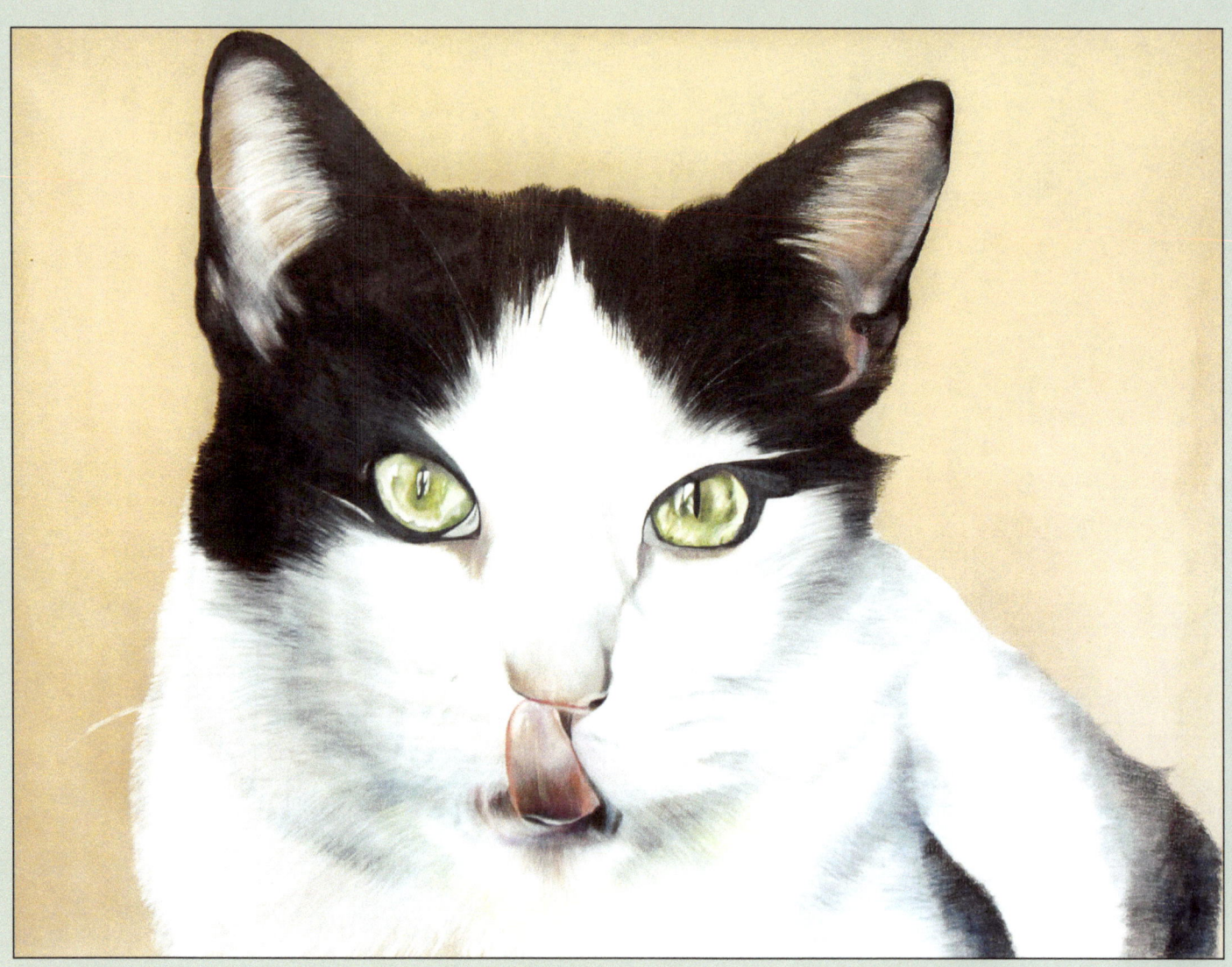

14.
Nombre: "Kokochito" (lengua de fuera)
Técnica: Lápiz de color sobre papel
Medidas: 1.93 x 1.50 metros

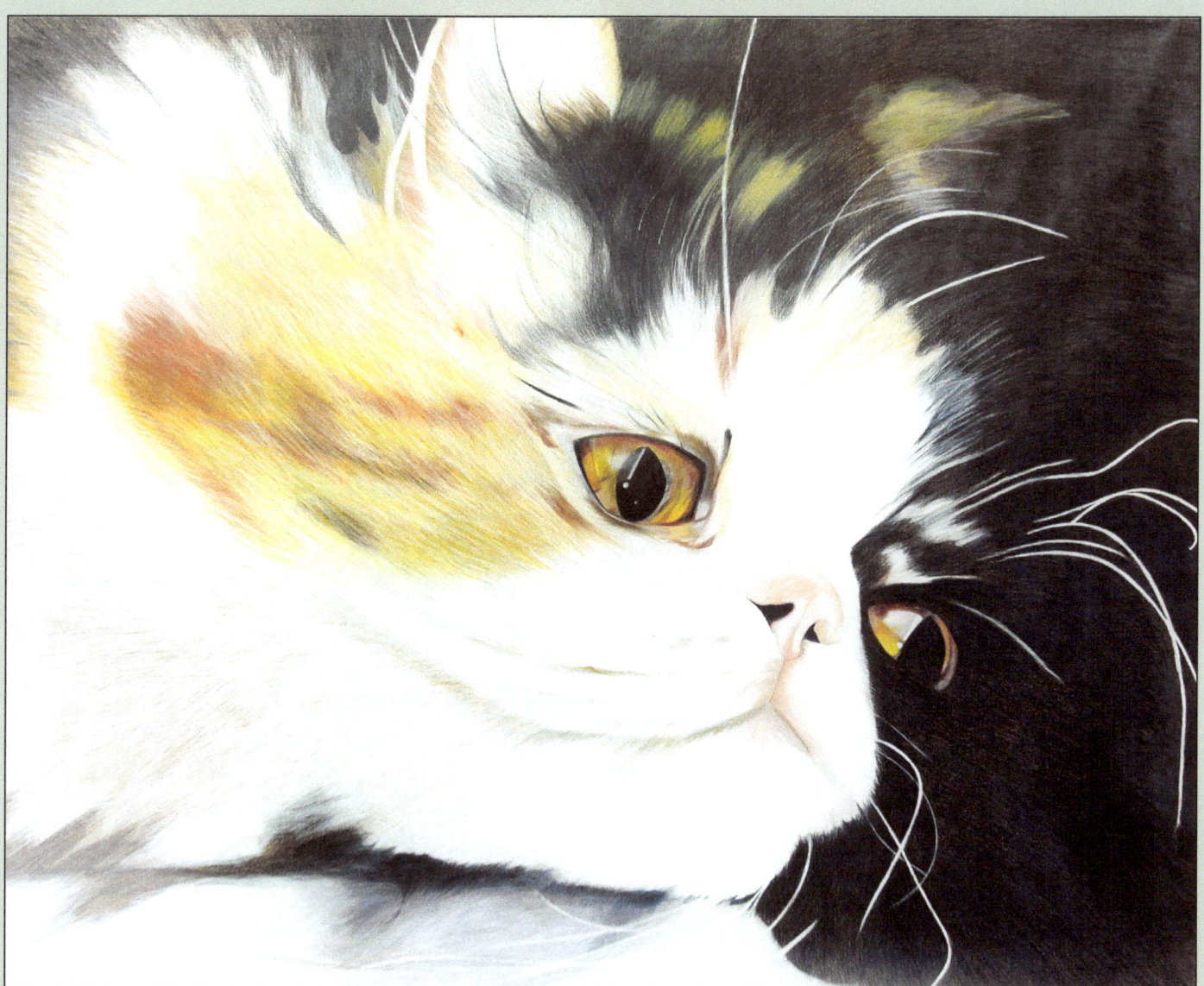

15.
Nombre: "Nuez"
Técnica: Lápiz de color sobre papel
Medidas: 1.87 x 1.50 metros

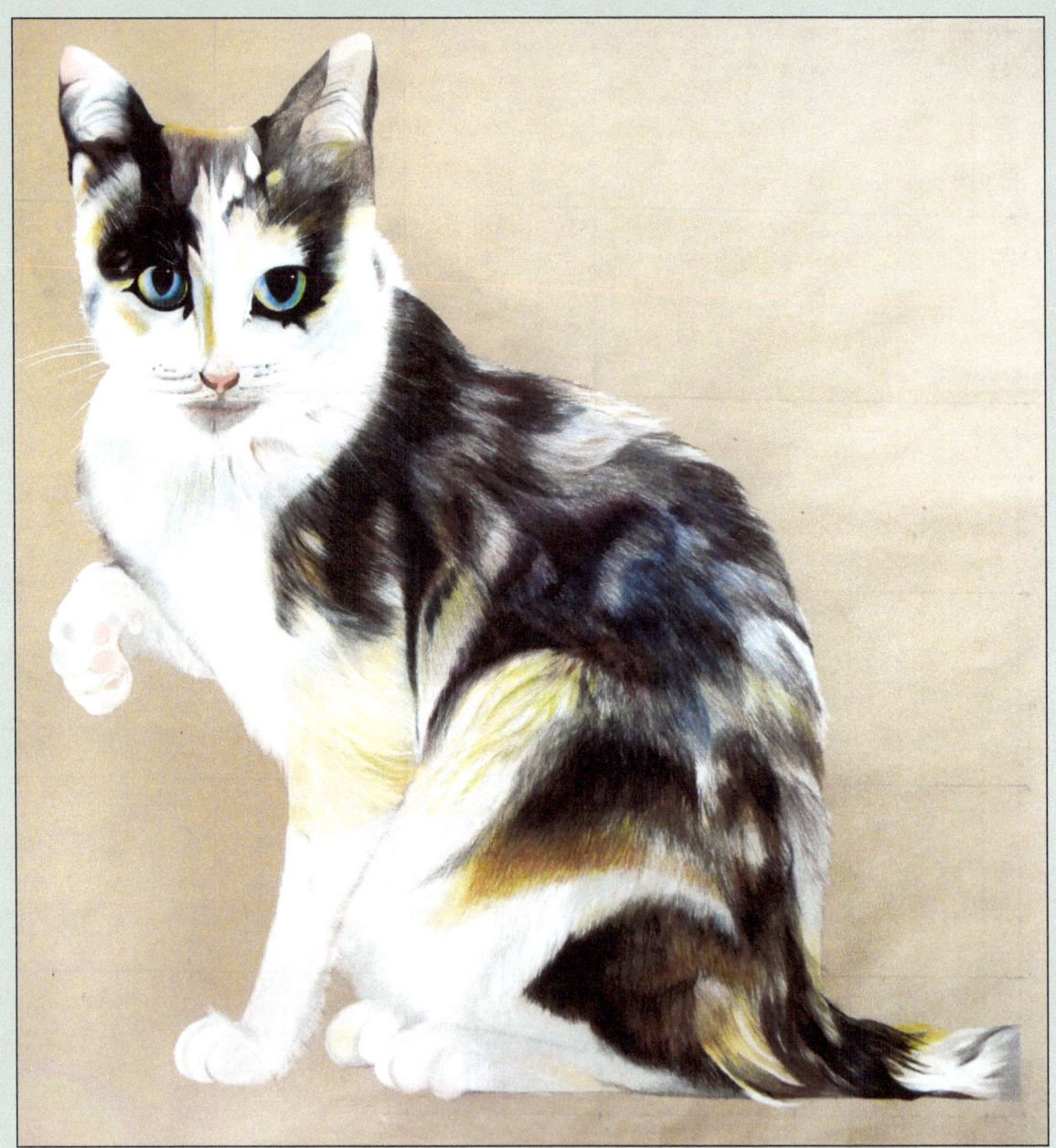

16.
Nombre: American Calicó
Técnica: Lápiz de color sobre papel
Medidas: 1.50 x 1.50 metros

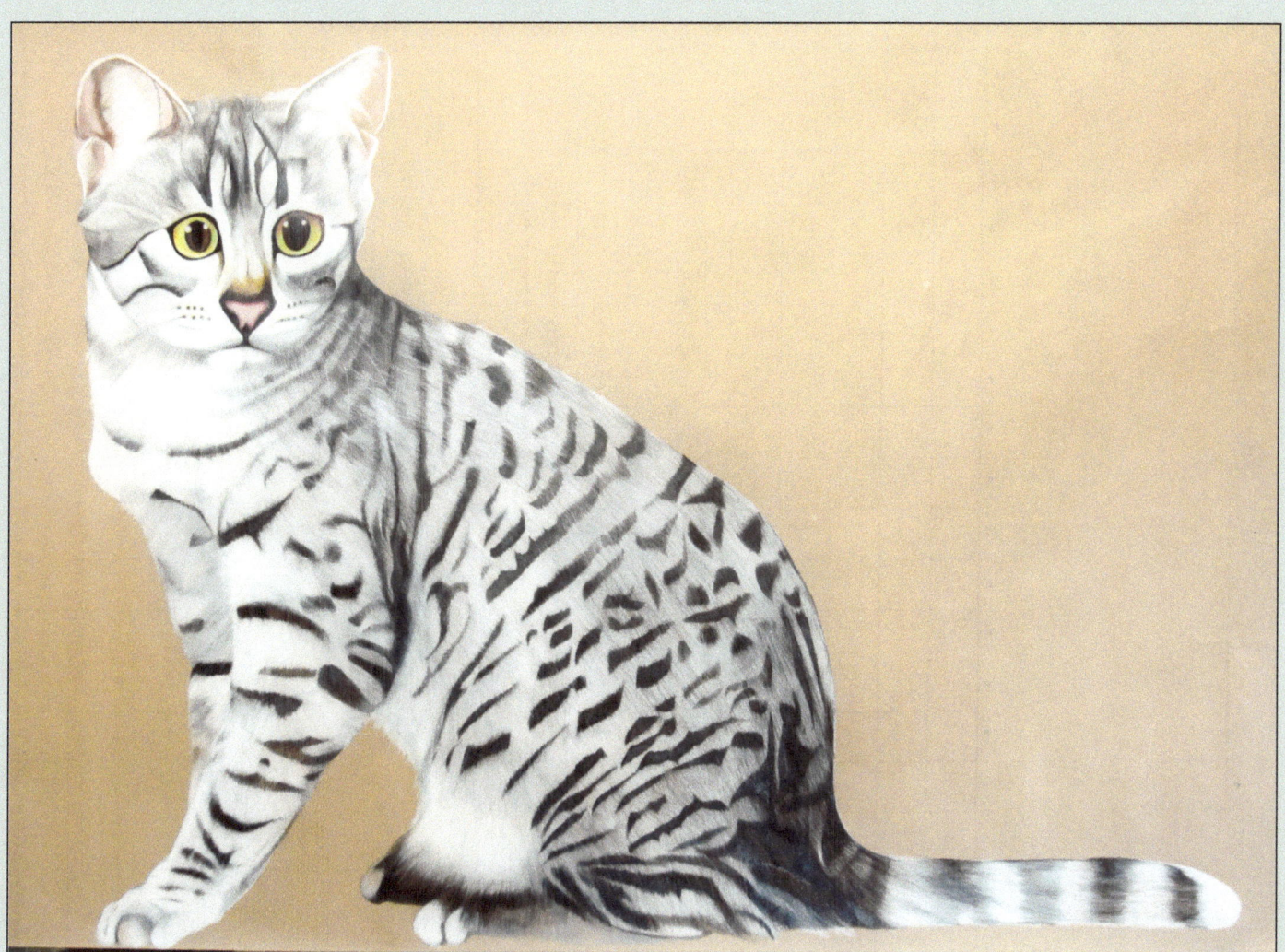

17.

Nombre: Mau Egipcio

Técnica: Lápiz de color sobre papel

Medidas: 2.10 x 1.50 metros

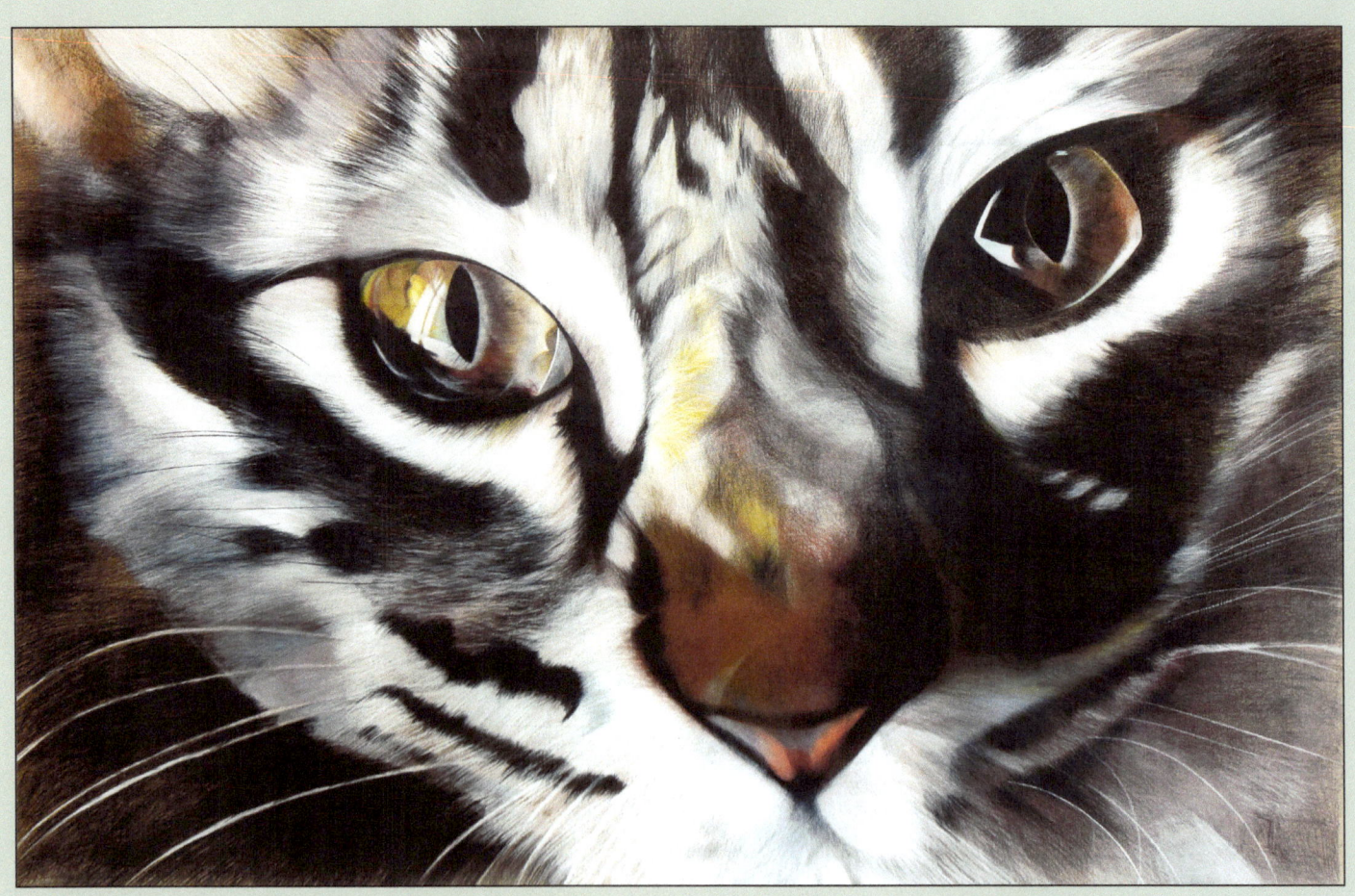

18.

Nombre: "El Gordo" (rostro)

Técnica: Lápiz de color sobre papel

Medidas: 2.50 x 1.50 metros

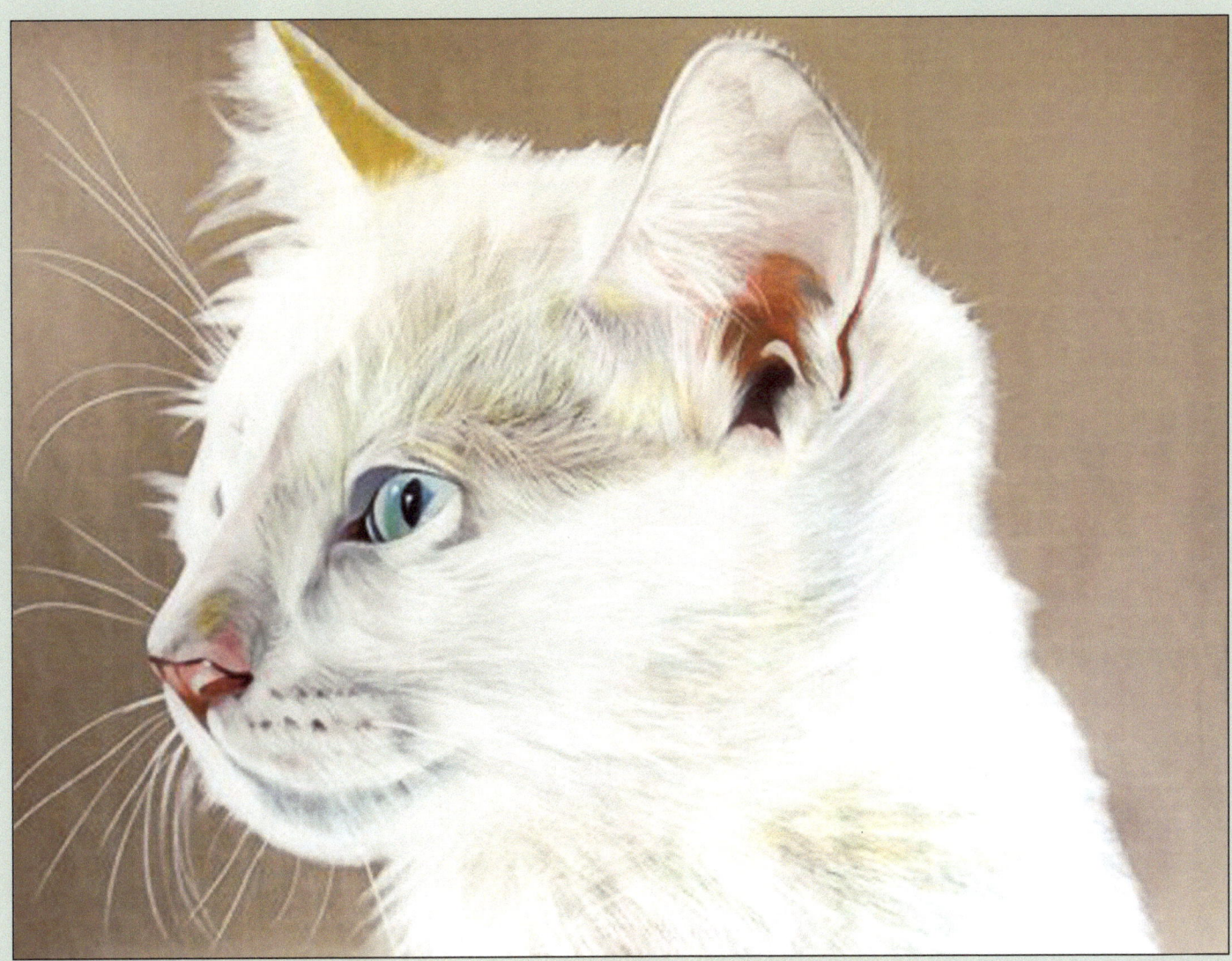

19.
Nombre: "Bonita"
Técnica: Lápiz de color sobre papel
Medidas: 1.80 x 1.50 metros

20.

Nombre: American Black Solid

Técnica: Lápiz de color sobre papel

Medidas: 1.40 x 1.30 metros

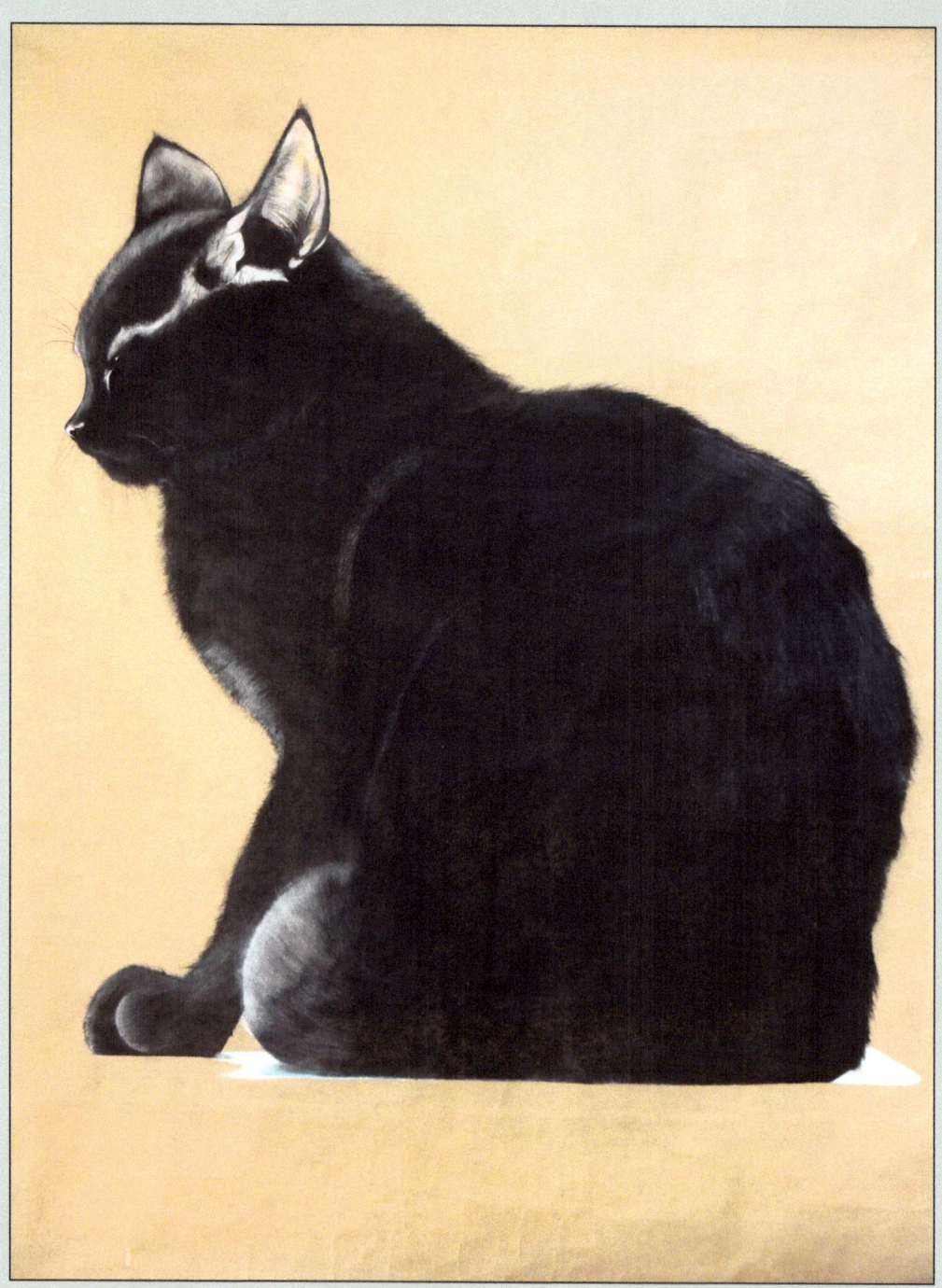

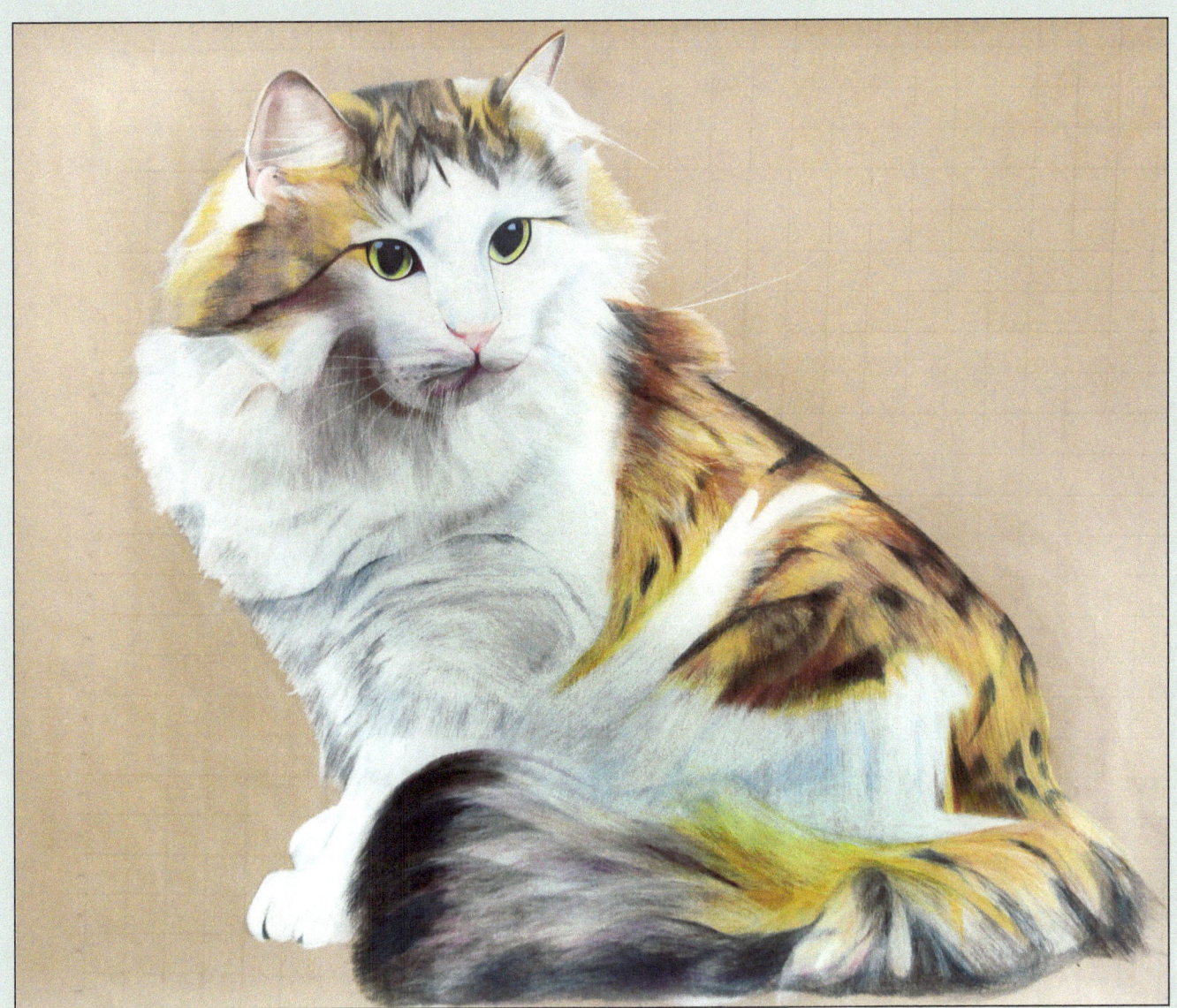

21.
Nombre: Raggamuffin
Técnica: Lápiz de color sobre papel
Medidas: 1.62 x 1.50 metros

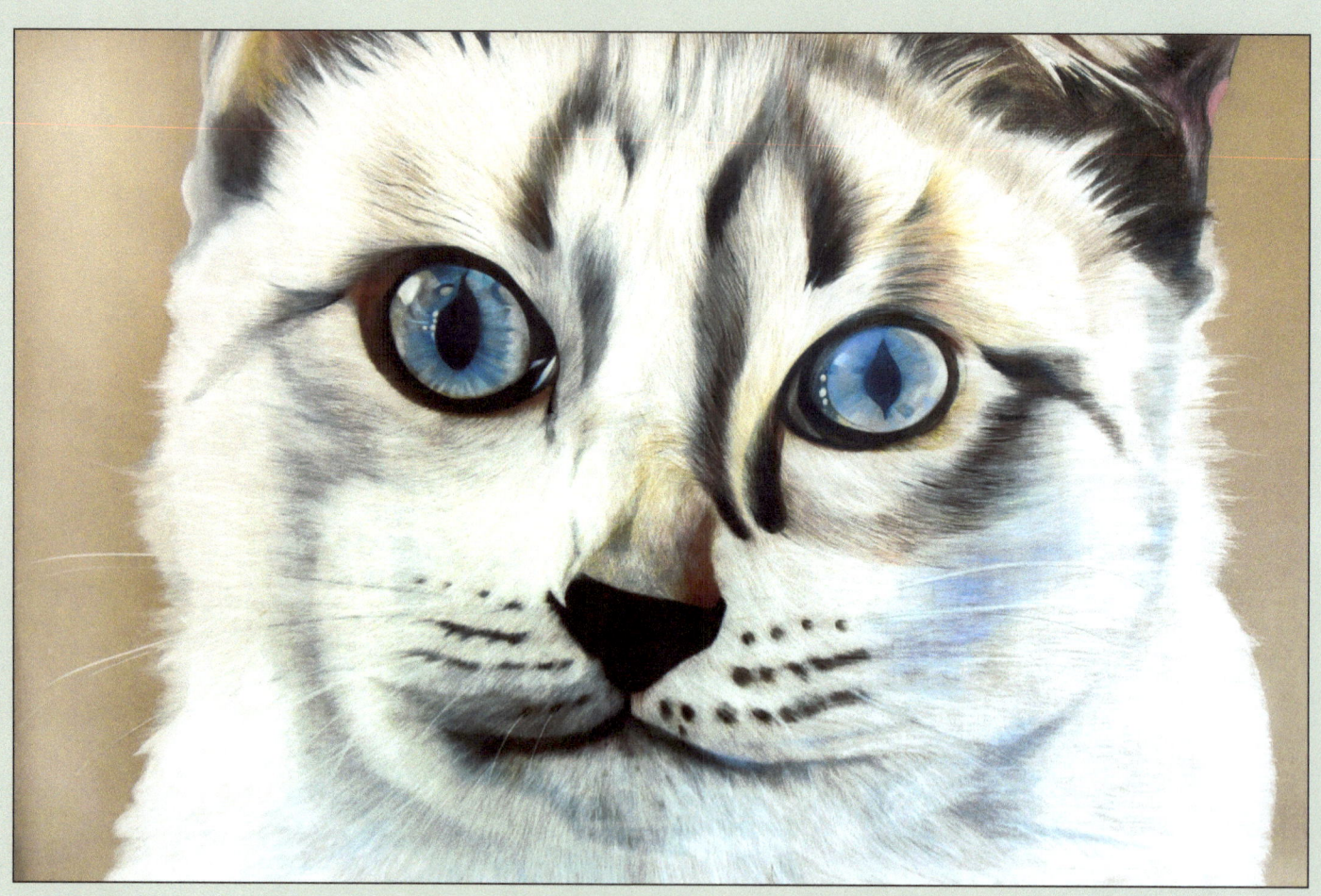

22.

Nombre: "Koxito"

Técnica: Lápiz de color sobre papel

Medidas: 2.20 x 1.50 metros

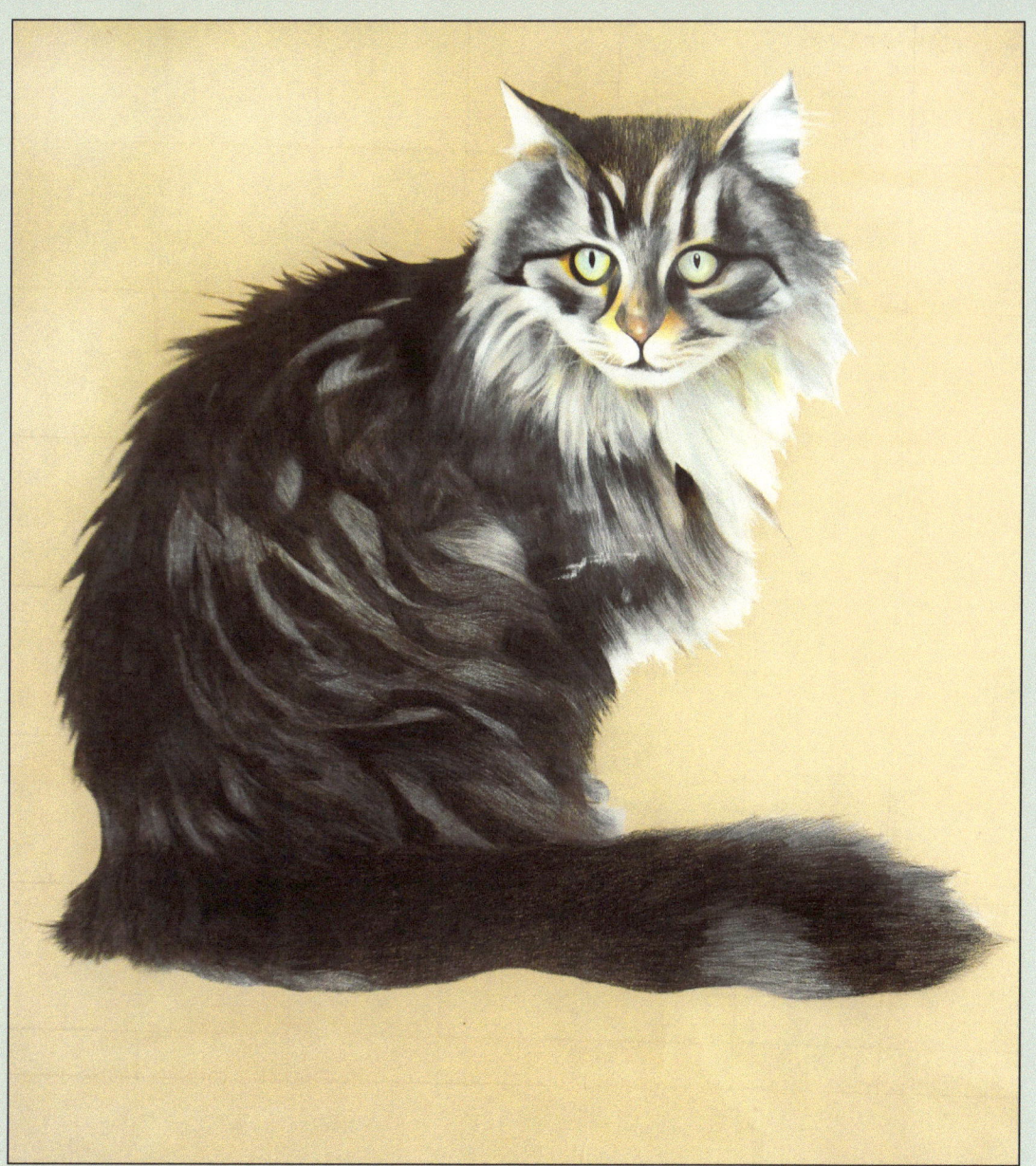

23.
Nombre: Maine Coon
Técnica: Lápiz de color sobre papel
Medidas: 1.50 x 1.45 metros

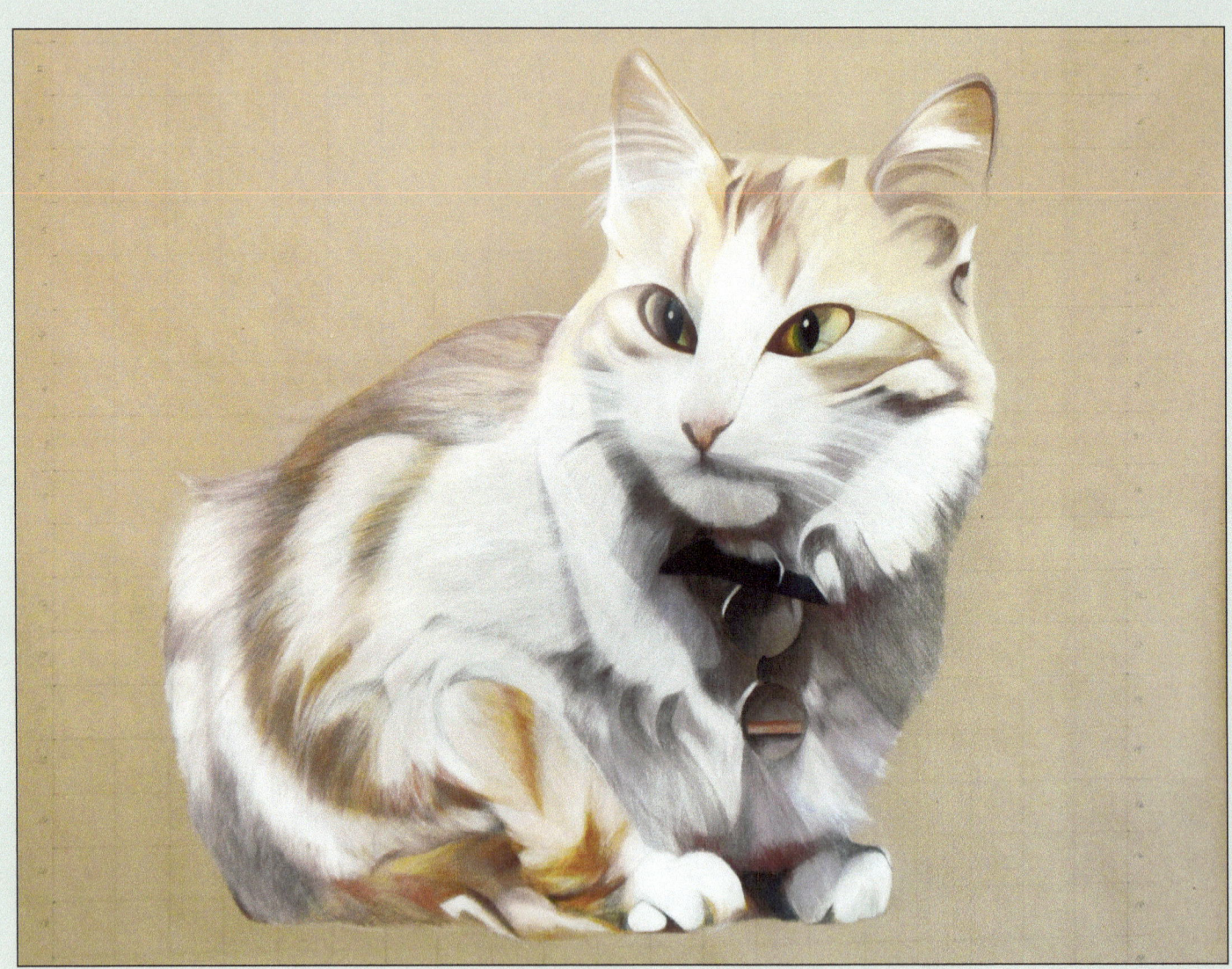

24.

Nombre: "Capuchino"

Técnica: Lápiz de color sobre papel

Medidas: 1.50 x 1.50 metros

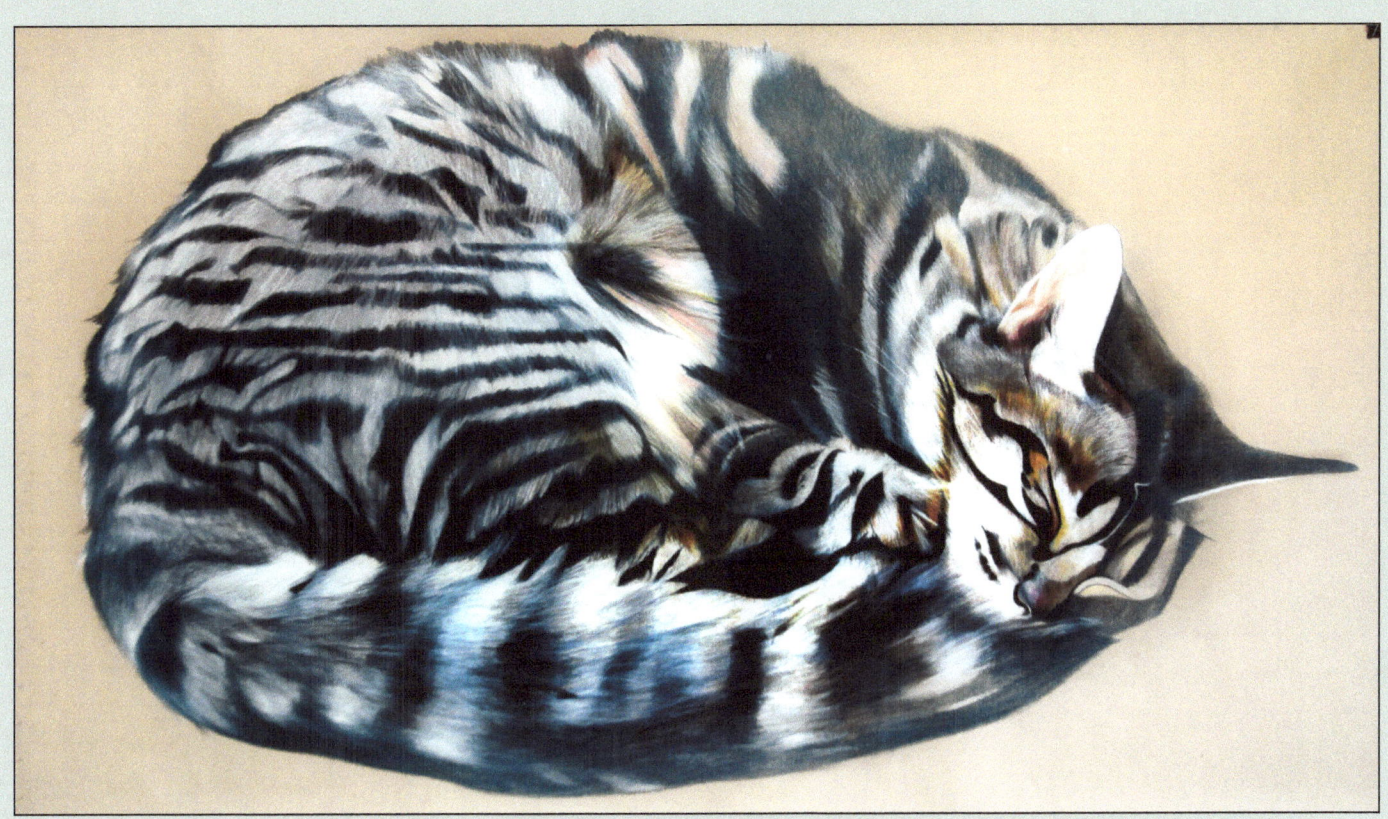

25.

Nombre: "El tigre" (durmiendo)

Técnica: Lápiz de color sobre papel

Medidas: 2.60 x 1.50 metros

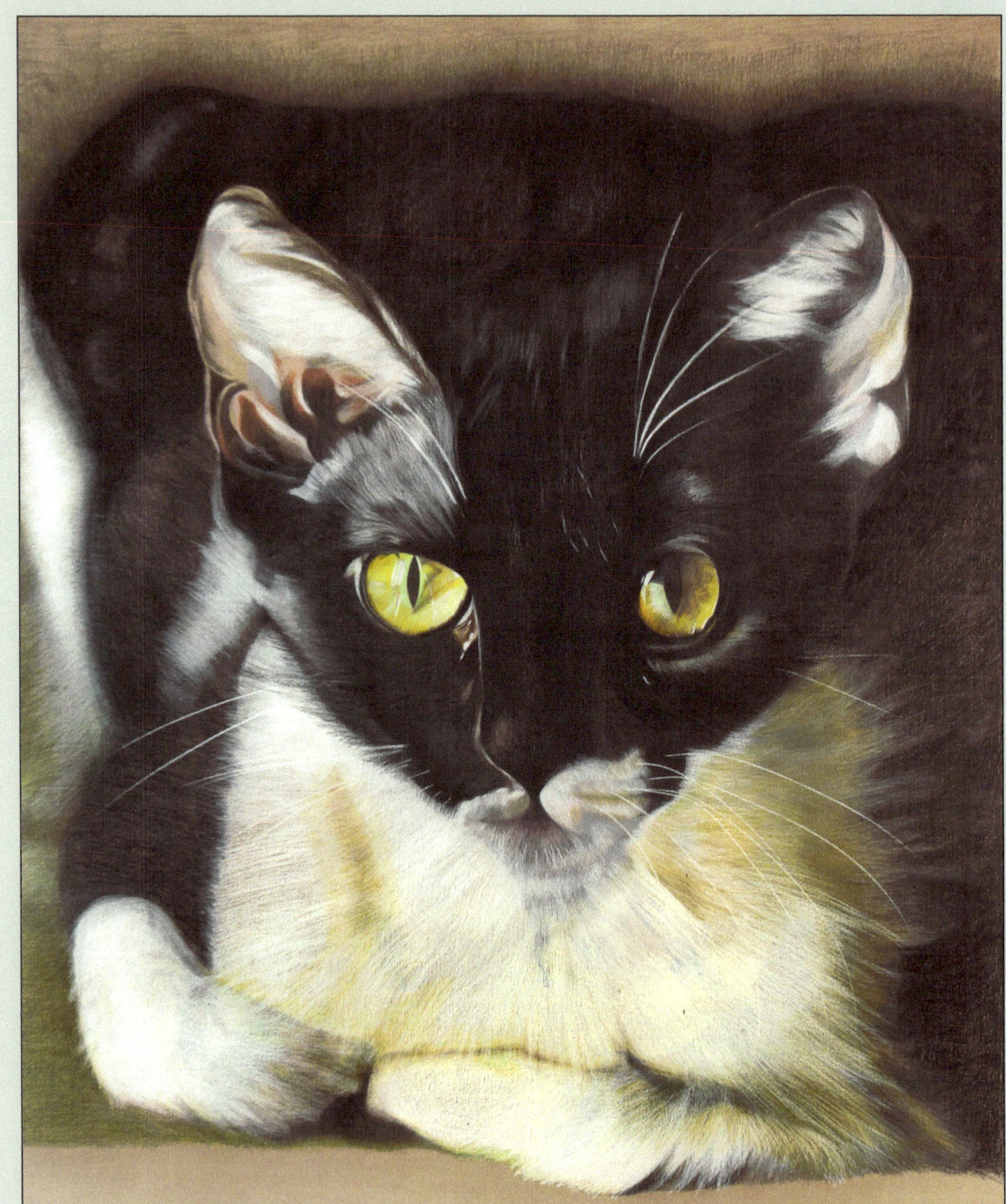

26.

Nombre: "Coco"

Técnica: Lápiz de color sobre papel

Medidas: 2.20 x 1.50 metros

La cofradía de los ojos

Texto de Louis E.V. Nevaer

El arte felino de
José Luis Loría Méndez

Ava Gardner

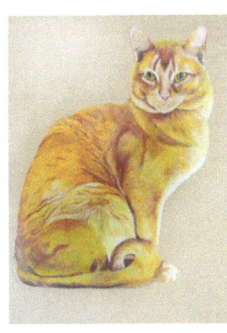

Corazón espinado... Corazón de espinas.

Doña Ava me llama *Corazón*, y por lo tanto sí soy su *corazón*.

También me llama Corazón porque, según se dice entre su familia, ese era el nombre de un antepasado de origen indígena del pueblo Tuscarora. El pueblo Tuscarora es uno de las naciones indígenas de las Américas que, como se dice en Estados Unidos, son "Americanos Nativos," uno de los "Primeros Pueblos." Ava Gardner, con la sangre de los Tuscarora, hugonotes franceses, ingleses, irlandeses y escocés fue una mestiza bien mestiza, un ejemplar de la "raza cósmica."

Y al ser así, no es extraño que ella fuera considerada como una de las más bellas mujeres en el mundo en su época.

No es de extrañar que ella se recuerde como una *femme fatale*.

Por supuesto, yo figuré en su vida muchos años después que sus esposos la habían abandonado. Ella comenzó muy joven a ver su suerte con la institución del matrimonio. Tenía apenas 19 años cuando se casó con Mickey Rooney. Ese matrimonio duró un año. El próximo marido fue Artie Shaw. Esa unión duró apenas un año también. Su último matrimonio fue con Frank Sinatra. Ese matrimonio duró seis años.

Durante estos tres matrimonios realizó tres películas: *Pandora* (1951), *The Barefoot Contessa* (1954), conocida más bien en Hispanoamérica como *La condesa descalza*, y *The Sun Also Rises* (1957) conocida como *Fiesta* en el mundo de habla hispana. En estas tres películas ella protagoniza a las mujeres exóticas. Es por esta razón que entre los escándalos de sus matrimonios y divorcios, al protagonizar personajes de caracteres dominantes en estas películas, muchas personas asumían que ella era "hispana," y que su temperamento, que se describía orgullosa, sensual, elegante y apasionado era conforme con estas ideas de lo que debía de ser una *femme fatale*.

Ella se reía de la idea. "No se trata de ser conflictiva, sino más bien se trata de ser decepcionada," ella me confiaba.

"Es muy solitario tener relaciones sexuales con un marido que ya no amas," le dijo una vez a un biógrafo, cuando le preguntó por qué cada uno de sus matrimonios fracaso.

Esa fue su manera de decir que se daba por vencida con la institución del matrimonio. A su modo de pensar, el matrimonio es la más mundana y aburrida institución burguesa que existe en la tierra. Ella despreciaba el matrimonio.

"Sólo los fracasados aspiran a casarse," le decía a sus íntimos. "Tienes que estar loco o padecer de un mal cerebral."

Yo entré en su vida en 1956, un año antes de su divorció de Frank Sinatra.

"¿De dónde sacaste esa gata?" preguntó Frank Sinatra.

"Necesito una mascota para que cuente con compañía," ella mintió. "Dios sabe que tú me tienes abandonada."

"Buena suerte haciendo el amor con esa gata," le respondió y salió.

Fui un regalo concedido a ella por Luis Miguel Dominguín, el famoso torero español, con el cual estaba teniendo una relación romántica. Era una relación condenada desde el principio. Él diría de su tiempo con Ava Gardner años después que, "Los hombres se enamoran de una mujer por sus fallos en lugar de por sus cualidades."

Si es cierto que los hombres encontraban fallos con ella, mi ama nunca encontró fallas en mí.

Yo no era su musa: yo era su consuelo.

Los seres humanos son criaturas poseídas por las dudas e inseguridades. No sé por qué, y no me importa averiguarlo. Mi lugar en su vida, en pocas palabras, era proteger su corazón. Mi empeño era fortalecer mi ama y levantar su confianza en sí misma, en la vida, y en lo bueno del mundo.

Después de su matrimonio con Frank Sinatra y su romance con Luis Miguel Dominguín terminó en decepción mutua, no habría otros hombres serios. Los amantes de Ava Gardner serían Ernest Hemingway, Howard Hughes, John Huston y Robert Mitchum.

Que pieles y joyas les darían. Y también, mucha angustia. Cada romance fracasado, se tiene que señalar, le rompió aún más su corazón.

"Quizá Warhol tenía razón," Ava Gardner una vez susurró en mi oído después de una cena que terminó no con el postre sino con bofetadas que le dio a su amante en la cara.

Este fue el año después de la fecha en que se había convertido en una estrella internacional cuando *La noche de la iguana* se estrenó en 1964.

"Temo que si se mira una cosa con tiempo suficiente, pierde todo su significado," Warhol señaló en una ocasión.

Ella odiaba cuando los hombres la miraban por períodos largos, hipnotizados por su belleza. Creía que era signo seguro de que ella sería defraudada. Temía que al admirar su belleza la magia se rompería y no tendría ningún significado para sus admiradores.

No recuerdo cuántas veces caminé a su cama, salté hacia arriba, y cautelosamente me acercaba a su almohada para maullar mis pensamientos a ella con la esperanza de reforzar su confianza.

Mi bella ama, sin embargo, a menudo era inconsolable. Cada romance fracasado era otra espina clavada en su corazón.

Parece ser que nadie, independientemente de su especie, era capaz de convertir las dudas de sí misma que consumía su propia alma.

Ni siquiera un corazón tan cierto como el corazón de esta felina.

2 Cardinal Richelieu

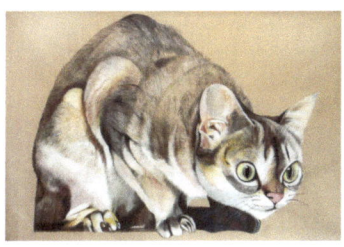

Por las mañanas, después de mis abluciones y alimentación, me estiro. Mi espalda se siente maravillosa cuando arco mi columna vertebral lentamente, estrecho mis garras, y me muevo con propósito de levantar mi cabeza.

Soy amo de mi dominio.

Su excelencia, el cardenal, es un admirable *chevalier*, un poco obtuso y mercurial. Tal vez él debería pasar más tiempo de vacaciones en el extranjero, pero parece ser tan dedicado a su trabajo que sigue siendo ajeno a las verdades elementales de la vida.

Después del desayuno y el ritual de estirarme, es importante encontrar el cojín real sobre la silla apropiada y tomar posesión de ella.

Siempre hay opciones en sus suites privadas. Siempre hay sol brillando a través de sus amplias ventanas, cuando el sol brilla sobre París.

Me muevo con gracia y facilidad, rodeando las piernas de tal o cual silla, hasta encontrar la cual, para ese día y en ese momento, se siente la *correcta*.

Entonces, ¡doy un *salto*!

Y, ¡aterrizo!

Me muevo en círculos alrededor del cojín. Mis patas realizan un baile de amasar el cojín mientras lo preparo el mismo para recibir mi cuerpo, que, en un solo movimiento, viene a descansar en el tejido de seda lujosa del cojín.

El sol calienta mi cuerpo como mis párpados pesados, con indiferencia a los problemas de los hombres acerca de mí que se mueven en un remolino—sus preocupaciones pronto serán olvidadas aunque ahora son cuestiones que de gran motivo y grave urgencia que llenan la mente de mi amado Cardenal y los suplicantes que entretiene o rechaza—yo cierro mis ojos para tomar mi siesta de esta mañana.

La lobreguez del mundo, con sus matices y formas, desaparece de mi mente para que aparezcan los sueños.

Es decir, no hay ninguna preocupación cuando cierro mis ojos, y de vez en cuando ligeramente abro mis ojos sólo para ser testigo del precipitado ritmo de los poderosos con un sentido de resolver los asuntos del día. Sus desventurados movimientos son un tipo de poesía, con esta gesticulación aquí y alzando las voces. La única cosa en mi mente es el reconfortante calor de este cojín y al realizar que glorioso es sentir mi cuerpo bañado por la luz del sol.

Yo estoy satisfecho.

Los sueños, a fin de cuenta, ofrecen el consuelo de un mundo de silencio. Los sueños son un refugio de la irrelevancia del mundo. Están presentes, estos sueños míos, pero se sienten y no se escuchan, algo similar al latido del corazón de un felino.

El Cardenal sí oye mis soplos y ronroneos, pero nunca escucha el latir de mi corazón. *Eso* es algo que debe *sentir* cuando su mano descansa sobre mi torso.

Esto lo hace la mayoría de las noches después de su cena. Él coloca un cojín favorito en su regazo y yo daré un salto encima de la misma. Con una mano acaricia mi cuerpo, descansando su mano de una manera que me calma. Sí puedo sentir el pulso de su corazón por su muñeca, y él, por lo tanto, puede sentir los latidos del mío a través de la palma de su mano. Con la otra mano, él voltea hojas de papel.

"Westfalia," susurra a sí mismo. "Un tratado de paz," su voz declara, mientras sus ojos contemplan mi cara.

Esto me hace bostezar, la plática de los seres humanos de esta paz y la otra paz. Así que mucho se ha habla sobre hacer la paz cuando es la guerra lo que debe evitar sobre todo; las guerras de la humanidad perturbar la vida cotidiana y los hábitos de lo que es familiar.

¿Dónde está la decencia en la agitación constante?

¿Acaso mis elegantes sillas siempre estará aquí? ¿Estarán siempre presentes en cojines de seda para mi elección? ¿Las ventanas que filtran el calor del sol también y me guardan del frío siempre estarán aquí?

Si reflexionamos sobre estos pensamientos, temo que voy a interrumpir la comodidad de mis sueños.

El Cardenal Richelieu entra y deja estas salas. El Cardenal Richelieu habla de los reyes y los papas. El Cardenal Richelieu reflexiona sobre la guerra y la paz.

Una vez más, arco mi espalda y estiro la columna vertebral. Me inclino hacia delante y estiro mis garras. Yo bostezo.

Me despierto plenamente, encuentro mi tazón, tomo agua, y vuelvo a la calidez del sol.

El Cardenal Richelieu busca la decencia y el pragmatismo ambas en la misma medida. En mi mundo de silencio y su mundo del sonido no hay nada más que la armonía.

¿Por qué no puede la humanidad comportarse de manera similar?

La paz de Westfalia, yo escuche a alguien decir, brindará a Francia la estabilidad.

Esta elegante silla, este cojín de seda, y la calidez del sol se mantendrán. Estos felices pensamientos, llenan mis sueños a estas horas al acabarse la mañana.

Si estuviera en Westfalia, yo también estaría de acuerdo con el tratado de paz. Sus felinos merecen la comodidad de cojines de seda y franjas de sol.

Así lo he decretado: *Je suis le Chat-Soleil.*

3 Catalina II de Rusia

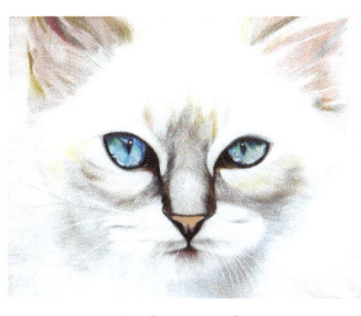

La emperatriz es mi ama y yo soy la que la consuela.

Mi nombre es Sofía, pero me puedes llamar... Bueno, ¿con qué fin me importas tú?

Si estás leyendo esto, todo el mundo que vive hoy ya habrá desaparecido de esta tierra, incluso cada felino, a pesar que cuente con nueve vidas.

Por lo menos te voy a confiar lo siguiente. En el retrato de Catalina II pintada por el maestro Fyodor Rokotov, la única manera en que Su Majestad fue capaz de sentarse quieta por tanto tiempo fue cuando le dieron un cojín de terciopelo que acomodo en su regazo.

Yo me acostaba en el cojín de terciopelo de tono real. Ella pulía mi cuerpo.

Es una verdadera hazaña que Catalina la Grande, que se acredita con ser reina durante la Edad de Oro del Imperio Ruso, definido desde el verano del 1762 al otoño de 1796, me necesitara para calmar sus nervios.

Ella, a veces me acariciaba, pero más a menudo me cepillaba. Con que sólo moviera su cabeza real ligeramente, uno de los cortesanos de la emperatriz le entregaba un pincel bien incrustado de gemas preciosas. El cepillo fue un obsequio del Intendente-General el príncipe A. A. Viazemsky en la ocasión de su coronación. El encargado del cepillo fue Gregorio Teploff, el Secretario de la Emperatriz, quien aseguraba de que estuviera siempre a mano para cuando la Emperatriz se le antojara pulir mi cuerpo felino.

Fue, en todos los sentidos, una vida admirable para mí, una que me entusiasma. Con decir que mis patas nunca tocaron las piedras frías más allá de las cortes y los palacios reales en los cuales vivimos eso lo dice todo.

Esto no quiere decir que la Emperatriz fue superficial. Me sentaba en su regazo mientras dictaba una carta a sus nietos para prepararlos para los desafíos que enfrentaran cuando el siglo XIX se acercara y que ella temía que no alcanzaría llegar a ver ese siglo. La emperatriz aconsejó a los hijos de sus hijos de esta manera:

Estudia la gente. Trata de sacar provecho de ello, pero sin confiar en ellos en forma indiscriminada. Busca por el mundo el mérito verdadero; en la mayoría de los casos es modesto y se oculta guardando su distancia. La virtud no se proclama a sí misma en medio de una multitud, no se distingue ni por la codicia ni por la ostentación; pasa sin verse y se pasa por alto. Nunca se rodea con aduladores, que sientan que detestas que te alaben cuando alguien se desprecia a sí mismo. Otorga tu confianza sólo en aquellos que tienen el valor de contra decirte si es necesario, y que prefieren guardar tu buen nombre más que los beneficios que les puedes dar. Se amable, benevolente, accesible, compasivo y de criterio amplio.

Tu exaltada posición nunca debe de ser un obstáculo para que niegues tus condescendencias amables hacia los humildes, ni que comprometas tu posición de tal manera que tu benevolencia disminuya el valor de tu autoridad o el respeto de las personas hacia ti. Presta oído a todo lo que de alguna manera pueda ser merecedor de su atención. Deja que la gente vea que piensas y sientes como se requiere en tal momento. Compórtate de tal manera que las buenas personas te amen, la gente mala te teman, y todos te respeten. Conserva en tu corazón estas grandiosas cualidades que constituyen las características distintivas de los hombres honestos, los grandes hombres, y los héroes.

Seas adverso a todos los artificios bajos; que tú contacto con el mundo nunca oculte tu amor clásico del honor y la virtud. Que principios reprobables y malvados nunca encuentren un lugar en tu corazón. La duplicidad es ajena a las grandes, quienes desprecian mezquindad de todo tipo.

Cuando terminó con su dictado, ella me miró, levantó el cepillo y me cepilló. Cuando terminó, me besó en mi cabeza y acarició mi cuerpo.

Cortesanos iban y venían y me sentaba en su regazo y dejaba que me calmara con sus caricias.

"Sofía, mi hermosa Sofía," la Emperatriz decía. "¿Qué es lo que he hecho para ser tan afortunada de tener una felina tan genial como tú como mi compañera?"

¿Cómo se podría responder a esta pregunta retórica?

Yo no sabía qué decir y simplemente me ronroneaba, mientras movía mi cabeza.

Pero en mi mente le hubiera dicho mucho más a la Emperatriz. Le hubiera dicho algo más sustancial que un ronroneo inadecuado. Sabía lo que tenía que decir, pero, siendo una gata, era imposible hablar.

¿Qué le hubiera dicho?

¿No es obvio?

¿Qué es lo que *nadie* le podía decir a Catalina la Grande?

Por la manera en que me acaricias, por eso soy su gatita.

4 Ching Shih

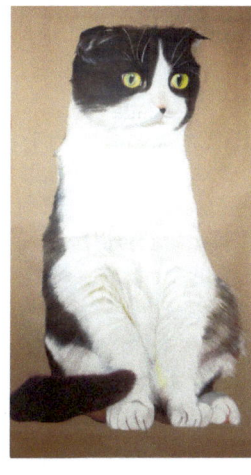

Sí sé mi lugar.

Esto es una de las buenas cosas que se puede decir de mí. No tengo aires de pedigrí o el propósito de mi existencia.

Ching Shih, también conocida como Madame Ching, me adquirió un día después de que su marido Zheng Yi murió en Vietnam. Ella cubrió su cara en mi cuerpo mientras lloraba; sus lágrimas empaparon mi pelaje.

Ella me llamó Xièxiè, que significa "gracias." ¿Gracias de qué? Gracias por el consuelo.

Incluso los piratas que aterrorizan al mar de China derraman lágrimas de vez en cuando. Incluso los terroristas necesitan ser consolados en sus momentos de dolor.

Mi ama Ching Shih me jaló mientras estaba atado a la tetina de mi madre. Era tan recién nacido que todavía no sabía pararme de pie en mis cuatro patas.

De hecho, aprendí a pararme de pie a bordo de su junco, que zarpó en desafío a las armadas chinas, portuguesas y británicas. La primera vez que la acompañé en tierra firme, sufrí el vértigo, vomité, y caí al suelo incapaz de pararme de pie desde entonces. Nunca me permitió poner ni una pata sobre la tierra.

Muy bien. Será una cosa menos que tendré que aprender a dominar.

Quizás a Ching Shih no le interesó dominar el mundo, pero sí estaba decidida a aterrorizar a la alta mar.

Su dureza fue un producto de las circunstancias de la vida. Su propia madre era soltera y Ching Shih nació en la ciudad de Cantón. A la edad de doce años tuvo que buscar como ganarse la vida; acudió a la prostitución. Fue su buena fortuna cuando fue secuestrada por los piratas. Su belleza y proezas sexuales atrajeron las atenciones de Zheng Yi. Se casaron y juntos construyeron la Flota de la Bandera Roja.

Esto representa un gran logro; construyeron su flota de piratas como socios. Es por ello que, cuando Zheng Yi falleció, ella tenía la capacidad de gestión necesaria para seguir adelante. En 1806, ella contaba con más de 300 juncos y tenía más de 30,000 piratas bajo su mando. Esto durante una época en la que, por ejemplo, en los Estados Unidos de América las mujeres tenían prohibido a consultar a un banquero sin permiso por escrito de sus esposos o padre. Ching Shih, una mujer, controlaba una de las mayores fortunas privadas de riquezas inimaginable.

La vida le enseñó a ser más dura. Ella me enseñó a ser aún más duro.

"Este es Xièxiè," le dijo a la tripulación de su junco. "Él se desplazará libremente en los confines de este barco. Si alguien interfiere con él, esa persona será ejecutada. ¡Pero nadie le dará de comer!"

Tuve que valerme por mi propia cuenta. Uno podía pensar que el estar a bordo de un junco contaría con un montón de pescados. Eso es cierto, pero no había pescado para mí; los piratas tenían órdenes de no darme de comer. Por lo tanto, tenía que robar un bocado aquí o una chatarra allá, pero la manera más segura para que comiera fue ¡aprender a abalanzarme sobre ratas!

Tuve que cazarlas, aguantarlas con una garra mientras las degollaba con mi otra pata.

Es así que podría alimentarme de sus cuerpos.

Ching Shih fue esta clase de ama.

Sin embargo, esta prostituta reformada cantonesa, debo de señalar, tenía un profundo sentido de la independencia y la decencia. Siendo piratas capturaban todo tipo de botín durante las frecuentes incursiones a los puertos.

Incluso, contábamos con la captura de mujeres y niños.

Si un pirata, bajo su mando, se atrevía a violar a una mujer, Ching Shih decretó, ese pirata sería decapitado y su cuerpo arrojado a los tiburones. A la mujer agraviada se le daría unas cuantas monedas y sería liberada en el siguiente puerto de escala. Sin embargo, si la mujer tuviera un enlace sexual con uno de sus piratas con su consentimiento, el hombre sería decapitado y su cuerpo arrojado al mar, y la mujer estaría vinculada a balas y sería ahogada.

¡Ningún junco de la Flota de la Bandera Roja podría considerar la posibilidad del parto de ningún niño!

Excepto, por supuesto, el parto de ratas . . .

Parece que en cada puerto de escala, las ratas invadían a nuestro junco. Yo sabía que se escondían entre las vigas. Se reproducían. Daban a luz.

Aprendí a cazar con la destreza de una criatura de las selvas. Sólo necesitaba acudir a las recámaras de mi ama para tomar agua dulce y para dormir en su cama de bodas china, la cual estaba cubierta con sabanas de seda de color rojo brillante que ella prefería.

"Xièxiè," me decía, mientras ella me acariciaba. "Nadie te alimenta, pero nunca tienes hambre. El contar con autosuficiencia e independencia es contar con buenas cualidades. Tenéis la suerte de poseerlas. Es un buen augurio para nuestras relaciones, mi precioso felino."

Y así hemos vivimos durante décadas, pero llegó un momento cuando las cosas cambiaron porque la vida cambia.

"Muy pronto tendrás que aprender a caminar en tierra firme," me susurró una noche a mis oídos. "Nuestros días en el mar llegan a su fin. El mundo en que vivimos evoluciona, al igual que las estaciones del año, y debemos adaptarnos a las nuevas circunstancias, como hacen las corrientes cuando se encuentran con obstáculos."

La Flota de la Bandera Roja no podía ser derrotada: por lo tanto tenía que ser acomodada.

China, pragmática en las realidades del mundo, ofreció un trato: ¡amnistía a uno y a todos! Cada pirata podría quedarse con sus riquezas robadas del mundo, pero nuestro desorden tenía que acabar: tendríamos que obedecer la ley.

Ching Shih negoció desde una posición de fuerza; ella podía aceptar o rechazar la amnistía que ofrecían los chinos.

Sabía, sin embargo, que las otras armadas imperiales, los franceses, los españoles, como de los Estados Unidos, ahora estaban conspirando con los chinos, los portugueses, y los británicos.

Las armadas de las naciones mercantilistas del mundo se estaban uniendo contra nosotros. Sólo sería cuestión de tiempo antes de que pudieran derrotar la Flota de la Bandera Roja.

Yo tendría que aprender a encontrar el equilibrio y caminar sin tropezar en tierra firma.

Y así, en 1810, yo lo hice.

Ella me llevó en sus brazos, vestida con las mejores sedas que el mundo podría producir, de vibrante colores rojos y amarillos. Ella miró a su junco una última vez. Con flores en su cabello y con un séquito de distinguidos piratas que le seguían detrás, Ching Shih desembarcó en el puerto de Shanghái.

Salté de sus brazos y me paré de pie en mis cuatro patas, tambaleante al principio, pero yo, Xièxiè, quien crecí con los piratas y que había mirado la belleza del mundo desde la perspectiva de un junco, testigo de la crueldad de los hombres, que me alimentaba de ratas torturados y asesinados por mí mismo, caminé con confianza al lado de mi ama.

Sería una vida diferente, esta vida dorada de amnistía con riquezas incalculables, pero aprendí a dominarla con facilidad.

Durante más de tres décadas, Ching Shih logró el éxito en tierra firme: su empeño incluyó casas de juego, llenos de música, opio, alcohol y contaban con prostitutas. El círculo de las circunstancias dio un giro completo y, en muchos sentidos, fui testigo de todo, desde la posición privilegiada del amo en el dominio de mi ama.

¡Fui el felino precioso de Ching Shih!

5 Donatien Alphonse François

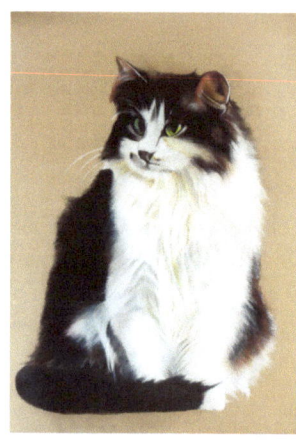

Mi amo es un loco. Por lo menos, eso es lo que los tribunales y los médicos quienes lo atienden han declarado. Estamos confinados en Charenton-Saint-Maurice, un asilo para los locos situado en Val-de-Marne, Francia. Los detractores afirman que toda la república de Francia es un gran manicomio en la década de 1810. Tal vez, pero la cordura es relativa, ¿no es así?

Todo lo que sé es que este lugar es tranquilo. Donatien me llama Eros.

Yo soy su gato. Los demás de aquí—¿los residentes? ¿los pacientes? ¿los reclusos? ¿los presos?—son generosos y amables en sus maneras extrañas.

Cuento con la libertad para recorrer las instalaciones y los jardines. Donatien le encanta cuando regreso arrastrando un ratón. Los cazo en los jardines o en las esquinas de las salas que conforman el gran asilo de Charenton.

Donatien pasa sus mañanas trabajando en obras de teatro y dramatizaciones. El director de Charenton es el Abbé de Coulmier. Él es muy progresista en su punto de vista. Él anima a Donatien para que trabaje en sus diversas obras. Incluso permite actuaciones con la participación como actores a las otras personas que residen aquí. Por lo tanto, Donatien pasa muchas horas trabajando en sus dramas. Todas las tardes son ensayos tras ensayos.

Es solamente durante el mediodía que podemos pasar un tiempo junto.

Abre la ventana y llama mi nombre: "¡Eros, *mon chat précieux!*"

Si me arrastro un ratón vivo, él palmotea sus manos con emoción y agarra la pobre criatura de mi mandíbula. Entonces él se apresura a su escritorio y ata al ratón sobre un trozo de madera plana que tiene cuatro grandes clavos bien clavados. Entonces amarra al ratón a la Crux Decussata y me llama.

"Eros," susurra, "¡es hora de jugar! ¡Es hora de ser el depredador que la naturaleza quiere que seas! ¡Es el momento de matar a tu presa!"

Y con esto, poco a poco comenzó a destrozar y atormentar al maldito ratón.

Donatien me alienta. Donatien me anima: "¡Encore! ¡Excellent! ¡Formidable!"

Y sigo, cada vez con más fuerza, más determinación, con mayor furia, mientras destrozo y muerdo el ratón.

Donatien, como si superado por los demonios, se desborda al examinar los arañazos en el cuerpo del ratón aterrorizado que se enrolla en agonía.

¡Eros, *encore, mon chat précieux!*

Yo vivo para complacer a mi amo. Estoy muy contento por el placer que le puedo dar.

Su respiración se intensifica, especialmente cuando él ve el sangrado del ratón y cuando la criatura se echa atrás de dolor.

En algunas ocasiones Donatien ha llamado a

Madeleine Leclerc, de catorce años de edad cuya madre es empleada de Charenton. Su madre no sabe que Donatien y Madeleine están involucrados sexualmente. Sí están. Por la tarde, cuando ella se supone que está ayudando en el aseo doméstico, en realidad se encuentra en la cama con Donatien.

Escucho lo que platican mientras descansan sus cabezas en las almohadas. Entonces su plática era vacilante y ella tenía serias dudas acerca del placer que Donatien encontraba en el sufrimiento. Él, sin embargo, nunca se excitaba más que cuando pretendía que la iba a sofocar con una almohada o un cojín. La joven fue, en un principio, aterrorizada, pero con el tiempo, se dio cuenta que cuando le faltaba el aire mientras le masturba era algo que, extrañamente, encontraba atractivo y sensual. Le pareció extraño—pero sensual y excitante—cuando él primero le pinchaba su dedo y después le lamiaba la gota de sangre. También pinchaba sus pezones y lamiaba las gotas de sangre que se derramaban de su pecho.

"¡C'est mieux que le lait!" exclamaba.

Madeleine, a menudo salía corriendo, avergonzada o apenada, o un poco de ambos.

Cuando esto sucedía, Donatien enfocaba su atención hacia mí.

"¡Trouvez-moi une souris, Eros!" me mandaba.

Y le obedecía, saltando por la ventana y volvía cuando había capturado a un ratón para Donatien.

Sería la misma rutina familiar.

En ocasiones, sin embargo, hasta yo tenía que dar la espalda al pobre ratón atormentado, sus chillidos y la sangre es demasiada hasta para un felino, orgulloso como yo, podía aguantar. Veía a Donatien, en su cama, desnudo, masturbándose, gozando del dolor que yo estaba infligiendo al ratón.

Cuando más era el dolor que infligía, aún mayor era su excitación sexual.

Es de esta manera en que ocupábamos nuestros días en este glorioso sanatorio francés mientras el siglo XIX se desplegaba alrededor de nosotros.

Mi amo, Donatien, debo señalar, es mejor conocido por su título real, el Marqués de Sade.

6 Edward Gorey

Me siento al piano y las teclas las azoto,
Te arrodillarás tanto por el ruido de mi alboroto.

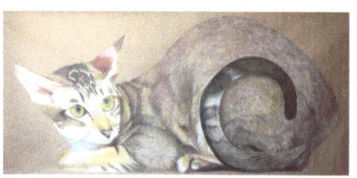

¿Cómo te gusta?
Me tomó casi un año para crear este refrán. ¿Qué más se espera? Soy un gato.
Mi amo es Edward Gorey, un homofilia vagamente perturbado que se dedica a crear relatos y dramas inquietantes que se despliegan en la época victoriana y eduardiana. Él trató de negar estar confundido sexualmente cuando le dijo al escritor Andrew Theroux que, "ni soy una cosa ni la otra. Tengo la suerte de que al parecer soy razonablemente desinteresado por completo por la sexualidad o algo así . . . Nunca he dicho que soy homosexual y nunca he dicho que yo no los soy . . . lo que estoy tratando de decir es que lo primero es que soy una persona antes de ser nada más . . ."

Aja, él y Gore Vidal.

Lo que sí le puedo decir es que no puedo imaginar otra criatura en este mundo que pasara tanto tiempo masturbándose como Edward Gorey. Ese pobre hombre era masturbador crónico y maníaco. Ah, por supuesto, él era bien conocido por presumir muchos anillos en todos los dedos este (excepto los pulgares) y por los pesados abrigos de piel y zapatos de tenis que usaba. Lo que la mayoría de la gente no se daba cuenta es que se ponía ropa interior roja y corsetería de mujer debajo de su abrigo de piel. La lencería roja de mujer le despertaba lo libido a tal grado que no se podía creer.

Me encantaba eso de él.

Yo, sentado desde mi lugar favorito encima del piano, le podía ver la parte de atrás de su cabeza cuando él se sentaba en el sofá ubicado al otro lado de la sala, desabrochaba su abrigo de piel, y se dedicaba a su pasión: masturbarse.

Al terminar, levantaba el teléfono para hablar con fulano de tal sobre esta u otro punto de la semiótica del vestimento, mientras caminaba por la habitación, su abrigo de piel abierta y presumía su lencería de encaje de color carmesí. Cuando "Victoria's Secret" abrió su primera tienda en Nueva York, el amo Gorey casi se babeaba de anticipación y excitación sexual.

Le voy a contar otro secreto: El amo Gorey era un caníbal en su imaginación.

Cuando cumplí mi primer cumpleaños, él me puso en mi cabeza un sombrerito de cono como usan los niños en sus fiestas, cosa que no me gustó en nada, y él me dio mi nombre: El Sr. Anthro Pophagy.

(Sí, es cierto. Durante mi primer año de vida no tenía nombre.)

Una vez nombrado, quede muy contento.

Me encantaba el nombre. Extendí mis bigotes de puro gusto. ¡Me encantó el uso honorífico de mi nombre! Y era un nombre que podía presumir.

El Sr. Anthro Pophagy.

¡Si no sabes que significa, sírvase a usar un diccionario!

Con un círculo felino marcaba los contornos del piano de pura alegría. A continuación de celebrar mi primer cumpleaños, y sin previo aviso, él leyó un poema que compuso para mí. Todavía lo recuerdo:

> Mi felino goza de hígado humano.
> Un bocado felizmente entregado.
> Su rabo vibra
> Cuando él anticipa
> El caníbal con cuchillo bien afilado

¡Allí! Me he expuesto a mí mismo.

Sí, los chismes son ciertos: el amo Gorey le gustaban los caníbales y a menudo contemplaba cómo mejor se prepara la carne humana para consumo humano.

Él no era simplemente un hombre peludo y excéntrico que usaba abrigos de piel de invierno durante los cálidos veranos en Nueva York, que se dedicaba a escribir escenas distópicas de romance que supuestamente se desarrollaban durante la época victoriana y eduardiana. Él era mucho más que un pobre hombre normal salvo a algunos hábitos extraños.

Fue tanto un caníbal como un recluso cariñoso, como un tío querido que nunca formo su propia familia.

Tenía muchos gatos en su casa.

Sé que yo era su favorito, sin embargo. Sé que fui su modelo. Él se acercaba a mí y me rascaba detrás de las orejas y yo me movía de placer. "Tus suspiros son lentos pero muy eróticos," me decía, sonriéndole, rascándome detrás de las orejas más antes de que se alejara.

A los otros gatos los espantaba para que no se subieran a los muebles. Pero qué más puedo decir: yo era el único que permitía reposar sobre el piano.

Y yo era el único que consumía carne humana para mi cena.

Ese acto, para mí, un invitado dudoso si cosa semejante alguna vez ha existido, era felizmente entregado.

7 Euclides

Esto contemplo: Indicar una posición, pero no ocupar espacio.

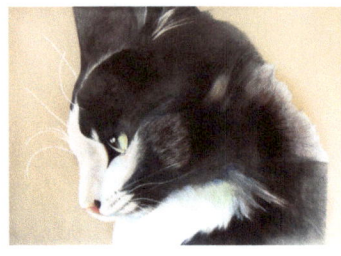

No estoy seguro que significa esto, pero es lo que he oído a mi amo decir. Él me llamó con un plato pequeño de delicias del Mediterráneo: las sardinas y las anchoas. Me consiente. Siempre me ha consentido. Es por eso que le acaricio su mano y su muñeca con mi cara.

Un buen gato es agradecido de su amo, quién le protege la vida en este mundo tan incierto y lleno de peligros.

Euclides de Alejandría es un buen amo y me considero un gato afortunado.

Me encanta sentarme al lado de la ventana y sentir los vientos del Mediterráneo que llegan a la costa de Alejandría.

Esta es una espléndida ciudad griega. Visitantes del mundo entero viajan a tomar clases con mi amo. Nos traen regalos. Nos traen monedas.

Euclides de Alejandría es un hombre de pensamientos, no de riquezas o de poder.

Cuando los tiempos son difíciles, comemos pez loro. Cuando los tiempos son buenos, gozamos de atún de aleta azul. En los tiempos ordinarios, comemos atún de aleta amarilla o salmonetes.

Siempre hay sardinas y anchoas.

Me siento en forma vertical, con mi cabeza en el aire para disfrutar mejor las brisas del mar Mediterráneo. Con el calor del sol y la brisa fresca, estoy contento. Antes de mediodía, mi amo me ofrecerá un plato de pescado.

Este es el lugar donde era mi destino estar.

"Acepta este axioma: dos puntos se pueden unir con una línea recta," Euclides de Alejandría pronuncia a los jóvenes reunidos quienes él enseña en la otra habitación. "Esto es lo más elemental."

La brisa marina mueve los paños que cuelgan como cortinas. A veces agarro las cortinas. De vez en cuando me escondo entre los paños de telas de algodón que abundan en nuestro hogar. Algunos de ellos son las prendas de vestir, otros son cubiertas para muebles. No siempre distingo cual es cual: una toga para vestir o una sábana de cama.

En la noche mi amo Euclides de Alejandría hace una ofrenda a Idía, la diosa del conocimiento. Hija de Océano y Tetis, ella es responsable por la razón y que la humanidad cuente con la capacidad de conocer y escribir sus conocimientos para que otros puedan aprender.

"No dejare que este mundo rompa mi corazón. No, no dejare que las formas y los ángulos de este mundo inflingen dolor y discordia en mi corazón," Euclides de Alejandría reza mientras enciende llamas de aceite y ofrece su oración.

Yo prefiero mi percha aquí por la ventana, incluso hasta largas horas de la noche. Los barcos que llegan traen a hombres, vino, aceitunas y carnes de Grecia. Si los tiempos son buenos, hay faisanes y liebres.

Todo es demasiado bueno ... este tipo de fortuna no la tiene cualquier otro gato ... con sólo estar cerca a mi amo estoy feliz ... ¡Sardinas! ¡Anchoas! ¡Estar en sus brazos!

Es casi demasiado afortunado pensar que tengo un amo como él, este Euclides de Alejandría, que enseña los axiomas a los estudiantes en busca del conocimiento.

Los barcos que salen de Alejandría están cargados de esclavos y palmas y dátiles.

Estoy contento. Es una buena vida.

Este tipo de suerte no le cae a cualquier gato. Este tipo de fortuna no la tiene cualquier gato.

Euclides de Alejandría vive por sus obras, sus pensamientos, sumiéndolo en escritos y recopilándolo en los libros. Se trata de las formas y las matemáticas, pensando de cómo el mundo de la geometría se reúne a un nivel elemental para que cualquier estudiante lo pueda comprender.

No estoy seguro lo que quiere decir. No me importa, estoy satisfecho con poder levantar mi cabeza en alto para cuando las frescas brisas mediterráneas lleguen a la tierra.

Ahora es casi mediodía y mi amo me trae un plato con atún de aleta azul. ¡Glorioso! Uno de los alumnos debe de ser de una familia rica.

En todo el mundo este es el lugar que era mi destino. Me siento en casa cuando estoy en sus brazos. Es casi demasiado bueno para que sea cierto, pero es cierto.

Es tan cierto como aceptar que, en la geometría, un punto indica posición pero no ocupa espacio.

¡Al fin, lo dije!

La verdad es tan elemental.

8 Fidel Castro

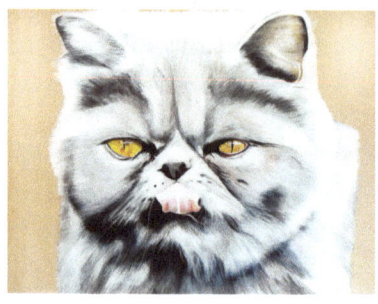

Desde mi punto de vista, son muy pocas las ocasiones cuando las cosas son como parecen.

Que he sobrevivido en una tierra de interminable revolución—donde, paradójica-mente, las cosas están en constante cambio, pero siguen siendo lo mismo—requiere habilidad.

Mi supervivencia se funda en ser lo suficiente amistoso para ser considerado como un amigo, pero lo suficientemente distante para no ser visto como una amenaza.

Paso la mayor parte de mi tiempo oculto, debajo de la cama. Sólo me atrevo salir para confortar a mi amo, y por breves períodos de tiempo.

Estar fuera de su vista ofrece seguridad.

Este es, después de todo, La Habana. Esto quiere decir que es peligroso tener un alto perfil.

Un gato mucho más sabio que yo me aconsejó hace años: Lee Éxodo: El secreto de la longevidad en este lugar se encuentra allí.

Con mis uñas rasque un ejemplar de la Biblia que fue encontrado en un basurero. Esta revolución es comunista y atea, por lo tanto se desató una ola de violencia anticlerical; las Biblia fueron descartadas como basura cuando fueron encontradas por las autoridades, que argumentaban que la religión era el opio del proletariado.

Fue fácil de encontrar el secreto al cual hizo alusión y es bastante obvio: Éxodo 34:14.

"No te postrarás delante de ningún otro dios, porque el Señor se llama 'Celoso': él es un Dios celoso."

Camilo Cienfuegos nunca leyó esto. Ernesto "Che" Guevara nunca leyó esto. El General Arnaldo Ochoa tampoco leyó esto. La lista es interminable.

Cualquier persona que contara con inteligencia y tenía una personalidad que cultivaba a admiradores y fieles entre el público siempre fue considerado un rival potencial y una amenaza que se tenía que eliminar. Cualquiera de estas personas tendría que ser denunciadas como una cosa u otra antes de ser eliminada.

Dichas personas son condenadas a sufrir una muerte inesperada.

Yo prefiero la seguridad de esconderse debajo de la cama. El colchón de resortes ofrece refugio y las baldosas azulejos de pasta fresca ofrecen alivio del calor tropical.

Rechazo clasificaciones.

Cada vez que Fidel me pregunta qué soy, dudo como contestar.

"Buenos días, Martí," me dice, "dime que eres."

Yo contemplo, ronroneo y froto mi cara en la parte posterior de su mano.

No le digo que yo soy gato; decir algo semejante me identificaría. En cambio, le digo que soy un saxofonista. Eso es bastante neutral en todo sentido. Eso ofrece seguridad.

¿Quién podría estar en contra del jazz?

Fidel me acaricia, me rasca detrás de las orejas, y me sirve un platillo de sangre.

Puede parecer extraño, pero antes del triunfo de la Revolución, era difícil encontrar suficientes alimentos. Vivíamos en las montañas y teníamos que robar gallinas de los agricultores y campesinos. Fue entonces cuando me acostumbre a comer pedazos de pollo crudo. Y no había leche, bebía a lengüetadas de un pequeño platillo de sangre de pollo.

Varios de los revolucionarios en las sierras con Fidel también practicaban de la religión afrocubana de Santería. El sacrificio de aves a sus deidades era constante, algo que aseguraba una abundancia constante de gallinas para ellos y platillos de la sangre para mí.

Al triunfar la revolución, la comida ya no era una preocupación. Pero los viejos hábitos son difíciles de cambiar. A pesar de la multitud de los alimentos y golosinas, he mantenido mis gustos simples.

Cuando salgo de donde me escondo debajo de la cama cuidadosamente hago camino hacia el Señor mi Dios. Le acaricio su mano con mi cabeza y maúllo como un suplicante, como debe de ser.

Él me sonríe. Me rasca detrás de las orejas. Me ofrece un bocado.

Antes de que lo aburre con mi presencia o alguien entre en la habitación me paga con un elogio, siempre recuerdo que mi Dios es celoso de naturaleza, y me retiro a mi escondite.

Algunos dirán que vivo una vida de temor. Otros dirían que llevo una vida de discreción.

Yo, siendo un fiel revolucionario, simplemente estoy en un constante modo de supervivencia.

Los años en la Ciudad de La Habana se han evaporado de tal manera, desapareciendo uno tras otro, medidos en una vida escondida bajo la cama.

Estoy resignado a la manera del mundo. A pesar de las promesas de revolución constante, el Señor mi Dios no tiene la posibilidad de reinvención: *Él es el monstruo que siempre ha sido.*

La única vez que me siento a gusto es cuando Raúl se une con nosotros para el almuerzo de mediodía. Durante el almuerzo del mediodía los hermanos están en constante competencia uno con el otro, como para incurrir en el favor de un padre invisible.

Ignoro por completo a estos hermanos insoportables pero salto en una silla cerca de la mesa del comedor.

"Te atreves a pedir otro postre como si nada?" el Señor mi Dios indaga.

"¿Y qué si se me antoja?" Raúl desafía.

"Esa es la razón por la cual estas gordo y tienes el colesterol tan alto" el Señor mi Dios le contesta.

"¿Qué te importa?" Raúl contesta.

"La Revolución necesita líderes sanos y en forma," dice el Señor mi Dios en una voz severa.

"¡Es por eso que tú estás aquí en un sanatorio y soy yo quien está administrando el país!" Raúl le recuerda. "Además, si quiero un tiramisú después de mis tres leches, ¿por qué no debo tener un tiramisú después de mis tres leches? ¡Creo que me lo merezco!"

"¡Sólo en pensar que vas a consumir tanta azúcar me repulsa como si fuera un diabético, Raúl!" el Señor mi Dios comenta con desprecio.

"¡Déjate de eso, Fidel!" dice Raúl. "Es hora de disfrutar un poco. ¡Coño! ¡Como si no me he negado a los simples placeres de la vida por el bien de nuestra revolución demasiado tiempo!"

"¿Tú te has privado? ¡El tamaño de tú cintura dice lo contrario!" el Señor mi Dios contesta.

Una silenciosa sirvienta negra le sirve el tiramisú a Raúl. Ella en ningún momento levanta sus ojos; me ignora por completo.

"¡Sí, he tenido que sacrificar mucho por Cuba!" declara Raúl.

"¿Y yo no he hecho lo mismo?" el Señor mi Dios contesta.

Raúl toma un bocado de su segundo postre, cierra los ojos y sonríe.

"Sí, te has sacrificado, Fidel," Raúl contesta. "Pero también yo he sacrificado mucho. ¿Acaso no recuerdas cuántos meses me negué a disfrutar de cualquier postre cuando yo seguía esa estúpida dieta de toronja que Elizabeth Taylor promovió en 1968 o 1969? ¡Bien, ha llegado la hora de compensar y gozar de esos postres que no disfrute en ese entonces!"

Si es verdad sólo los buenos mueren jóvenes, estos dos revolucionarios tienen una buena oportunidad a ser inmortales.

Los hermanos siguen discutiendo hasta que el tiempo juntos llega a su fin. Fidel me ofrece un platillo con sangre.

Después de lamer mi platillo de sangre, llega el momento para hacer una salida rápida hacia la seguridad de mi escondite debajo de la cama.

Ese es el único lugar seguro en todo lo que es La Habana mientras la Revolución continúa sin descanso.

9 León Trotsky

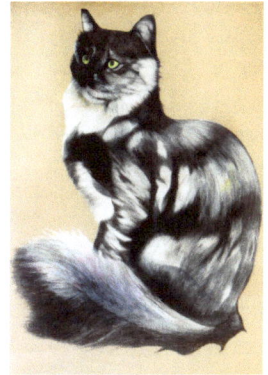

¿Será un milagro?

Nací con una ama como dueña pero acabe con un amo por dueño. Y no tuvo nada que ver con algo extraño como ser el compañero felino de un ser humano que era una persona transgénera.

Soy Carlos.

Mi ama fue Frida Kahlo, quien me llamo así en honor a Karl Marx. Mi amo fue León Trotsky cuando él me llevó a vivir con él en la Avenida Viena en la Ciudad de México en 1939.

"Te di la bienvenida a mi casa y te ofrecí santuario, y de esta manera me pagas, acostándote con mi esposa?" Diego Rivera le gritó. "¡Fuera de mi casa ruso miserable desgraciado!"

Rivera agarró a Trotsky por la solapa y corbata, lo empujó al piso, le escupió sobre él.

¡Yo estuve allí! ¡Fui testigo de todo!

La violencia me atemorizó y corrí de un lado de la habitación al otro, espantado y frenético, temiendo por mi propia seguridad. Sin embargo, Diego me tomó por el cuello con un agarre firme.

"¡Toma este gato! Al deshacerme de este animal será castigo para Frida y te recordará de tu traición. ¡Y te advierto que si no cuidas a esta criatura, buscare un pica hielo con su nombre para enterártelo en la cabeza!"

Esta es la manera en la cual cambie de ama a amo.

Sí, extrañé a Frida tremendamente. La amaba con toda mi alma. Era una loca, pero era una ama dedicada que me regaba de amor y cariño. León, como amo, fue indiferente. Frida, en comparación, me sujetaba firmemente contra su seno, me besaba, rascándome detrás de mis orejas, y me daba pechuga de pollo para comer, servidos en exquisitos platos de Talavera. León era frío y distante en la manera de los rusos. Esto no quiere decir que no estaba contento conmigo o que su vida en la Ciudad de México no le hizo feliz.

Sólo hay que tomar en cuenta este "testamento" que Trotsky le escribió a Natalia Sedova en febrero de 1940:

Además de la felicidad de ser un luchador por la causa del socialismo, el destino me dio la felicidad de ser su marido. Durante los casi cuarenta años de nuestra vida en común, sigue siendo una fuente inagotable de amor, generosidad y sensibilidad. Ella padeció de grandes sufrimientos, especialmente en el último período de nuestras vidas. Pero encuentro consuelo en el hecho de que también hubo días de felicidad.

Durante cuarenta y tres años de mi vida adulta me he mantenido un revolucionario; por cuarenta y dos de ellos he luchado bajo la bandera del marxismo. Si pudiera empezar de nuevo por supuesto trataría de evitar este o ese error, pero el curso principal de mi vida no cambiaría. Moriré como un proletario revolucionario, marxista, una dialéctica materialista, y, en consecuencia, un ateo irreconciliable. Mi fe en el futuro comunista de la humanidad no es menos ardiente, efectivamente, es más firme hoy, de lo que era en los días de mi juventud.

Natasha se ha acercado a la ventana del patio y la abrió más ampliamente para que el aire pueda entrar más libremente en la habitación. Puedo ver el brillante verde de la franja de pasto bajo la pared y el cielo azul por encima del muro, y a la luz del sol en todas partes. La vida es hermosa. Que futuras generaciones la limpien de todos los males, la opresión y la violencia, y que la disfrute al máximo.

L. Trotsky

27 de febrero de 1940

Su felicidad, sin embargo, no era mi felicidad y decidí regresar a los brazos de Frida. León y Frida vivían a una corta distancia en la colonia de Coyoacán. Ningún otro gato en la Ciudad de México conocía esa colonia como yo, Carlos.

Así huí de León y por mi propia cuenta salí rumbo a la Casa Azul que era el nombre de la residencia donde Frida Kahlo y Diego Rivera vivían. Di un salto por encima de los muros y corrí como loco hacia su recamara. Me acosté cómodamente en su almohada y espere su regreso. Pasaron horas durante las cuales disfrute en reposo, adormecido, encantado por el olor de su ropa y el calor del sol que bañaba toda la recamara. Antes de atardecer, apareció.

Cuando me vio, lloró de genuino placer.

"¿Eres un mensaje de León?" ella quería saber. "¿Me extraña tanto que no puede vivir sin mí?" se preguntó mientras ella me abrazaba. "Seré el amor de su vida?" se maravillaba en voz alta.

Diego apareció de repente.

"¿Es Carlos?" preguntó.

"¡Sí!" Frida confirmó con alegría. "¡Carlos ha regresado de nuevo!"

Diego miró primero a Frida y después me miró.

"Pica hielo," dijo.

Después se dio la vuelta y se fue.

10 Louis Auchincloss

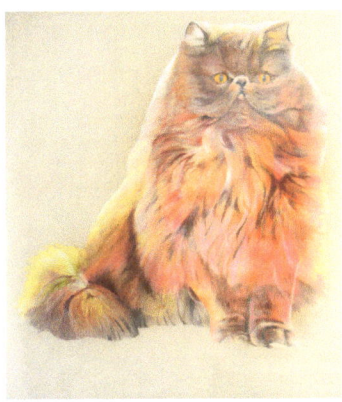

Desde mi punto de vista, la ventana, mirando hacia abajo sobre Park Avenue, o la Avenida Park, ubicado en el decimocuarto piso del edificio denominado 1111 Park Avenue, las estaciones son hermosas.

En el invierno, cuando nieva, los copos caen como pétalos en silencio, acallan el incesante sonido del tráfico. En el verano, la ventana abierta permite que el aire circule, lejos de los remolinos de polvo que el tráfico de Nueva York genera. En las otras temporadas cuento con el espectáculo del tráfico, ya que la ciudad y la vida que alberga, se desplaza de un extremo a otro en cada momento.

Louis piensa que me posee; yo no soy posesión de nadie.

Como prueba de ello, ofrezco este simple hecho: me siento, vertical, en una copia de *El gato y el rey* (*The Cat and the King*), novela de 1981 sobre el Rey Sol, Luis XIV de Francia.

¿El Duc de Saint-Simon? ¿De veras?

Me parece preponente para que un estadounidense dramatice la corte del rey francés Luis XIV, ¿no? Un tema semejante mejor corresponde a los novelistas franceses que son autoobsesionados y presumidos. Los estadounidenses rara vez pueden presumir tal arrogancia inexplicable como los franceses, un hecho que, por sí mismo, da esperanza.

Es por eso que me siento en este libro y admiro las partículas de polvo que flotan en el aire—parecen como polillas minúsculas dando vueltas.

Mis amigas me llaman Mojigata. Pero tu me puedes llamar Priscilla. Ese es mi nombre propio; Louis me llamó en honor a su madre.

Mi nombre, en documentos legales, es Priscilla.

Ahora que ya sabes mi nombre, sin embargo, no creo que esto te de permiso para que tú me solicites a mí. Yo no puedo molestarme con cualquier tipo de solicitud de un desconocido cualquiera, ¿verdad?

Y si no puedo rayar las páginas de la edición corriente del *Registro Social de Nueva York*, más bien conocido como el *New York Social Register*, que Louis Keller publicó por primera vez en 1886, no puedo contemplar una razón por la cual tendría que aceptar una llamada tuya a mí.

Yo bostezo. Me lamo la pata derecha. Fijo mi mirada por la ventana.

En un estante del librero, cerca del sofá, se encuentran algunas de las novelas más conocidas de mi amo, *La casa de los cinco talentos* (*The House of the Five Talents*) (1960), *Retrato en Brownstone* (*Portrait in Brownstone*) (1962), *El rector de Justín* (*The Rector of Justin*) (1964), y *El malversador* (*The Embezzler*) (1966). Dios sólo sabe acerca de que se tratan; no las puedo leer y mi amo no las lee en voz alta. La única novela que conozco bien es *Su variedad infinita* (*Her Infinite Variety*) (2000).

Me sentaba en el alfeice contemplando el

51

mundo, tal como se vive a lo largo de la Avenida Park, cuando él abría esa novela y se ponía a leer para sus invitados. Clara, la protagonista, se casa con Trevor Hoyt, un banquero. Trevor participa en la Segunda Guerra Mundial y tiene relaciones con una inglesa en Londres. Clara también tiene un amante en Nueva York durante la ausencia de Trevor.

Louis me mira cuando leía que Trevor describía a su esposa infiel como una "esposa de guerra que es infiel a su marido soldado."

En el mundo de los seres humanos, en el que una clase de moralidad se aplica a los hombres y otra a las mujeres, esto quiere decir que Clara una "perra fría" y Trevor era el agraviado esposo.

Aún ignoro por qué Louis me miraba a mí mientras leía secciones de esa novela en voz alta.

Yo supongo que, sin embargo, tomando en cuenta la reacción este cuento vil provocaba de sus invitados que sí era cierto lo que Gore Vidal dijo de él: "De todos nuestros novelistas, Auchincloss es el único que nos dice cómo nuestros gobernantes se comportan en sus bancos y en sus consejos, sus oficinas de derecho y sus clubes."

Nada de esto me importaba a mí.

Durante el sofocante verano, con la ayuda de varios pequeños ventiladores colocados en las esquinas de la habitación y las ventanas abiertas, se distribuía suficiente aire fresco para que yo pudiera tomar mi siesta por la tarde con toda comodidad. Después de mi siesta, me levanto para encontrarlo a él escribiendo. Recuerdo verlo sentado, tranquilamente escribiendo los monólogos *Manhattan (Manhattan)* (2002) y *La historia del lado este (East Side Story)* (2004), mientras me adormece y empezaba a soñar, soñando de dicha manera toda la tarde.

Era un hombre tranquilo, de conducta reservada y atento.

En mis años con él, la única vez que sentí una emoción fue cuando llegó una notificación en el año 2005 que sería honrado con la Medalla Nacional de las Artes, conocida como el National Medal of Arts.

"¡Es buena hora que ese filisteo Bush me reconozca antes de que me muera de un infarto!" le dijo a personas desconocidas por el teléfono.

Qué quiso decir con eso, ni lo sé, ni me importa saber.

Yo bostezo. Me lamo la pata izquierda. Fijo mi mirada por la ventana.

Contábamos con cinco veranos gloriosos más y otros cinco largos inviernos que íbamos a disfrutar juntos desde la perspectiva de 1111 Park Avenue, en Nueva York.

No puedo quejarme de mi vida después de Louis, porque yo no me inclino a quejarme.

Lo que puedo decir es que yo sí extraño las visitas ocasionales de su sastre para alterar sus trajes. Con el paso de los años, sus trajes tenían que ser alterados en vista de su disminución física.

Yo bostezo. Me lamo ambas patas. Fijo mi mirada por la ventana.

Esta es la manera en que hacemos que nuestra salida de este mundo a lo largo del tiempo, cómo nos marchitamos y reducimos.

Una visita del sastre tras otra visita.

Es importante que uno permanezca, hasta el final, fastidioso.

O mojigata, como en Priscilla.

11 Maquiavelo

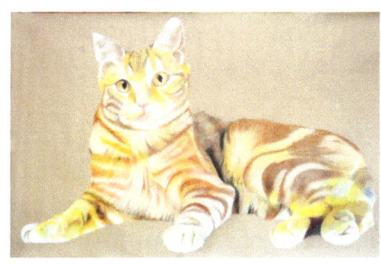

¡El Maestro ha llegado!

¡Es de noche, pero el día está a punto de comenzar!

Nuestra casa, aunque modesto en comparación a las normas reales, es muy fina. Es un lugar cómodo y limpio, correcto y pacífico.

Mi nombre es Príncipe, pero incluso un príncipe está sujeto a un Señor. Si yo fuera humano, mi Señor sería Dios el Todopoderoso. Pero debido a que soy un gato, mi Señor es Niccolò di Bernardo dei Machiavelli, conocido en el mundo de habla hispano como Nicolás Maquiavelo.

Yo le llamo "Maestro."

El Maestro piensa. El Maestro medita. El Maestro escribe.

El Maestro explica su vida intelectual de esta manera: "Al atardecer, regreso a casa, y paso a mi estudio. En el umbral, me quito mi ropa de trabajo, cubierto de lodo y suciedad, y me visto con la ropa que un embajador desgastaría. Decentemente vestido, es que entro a las antiguas cortes de los gobernantes que ya murieron hace mucho tiempo. Allí, me reciben con una calurosa bienvenida, y me dan de comer el único alimento que me satisface y para el cual nací para disfrutar. No me avergüenzo de hablar con ellos y preguntarles que expliquen sus acciones y ellos, con mucho cariño, me responden. Cuatro horas sin que siento cualquier ansiedad. Todas mis preocupaciones se borran de mi mente. Ya no me da miedo ni la pobreza ni la muerte. Yo vivo completamente a través de sus hechos."

Mientras que el Maestro escribe sus manuscritos, me siento en la puerta de hierro fundido que se abre a la terraza. La puerta está siempre abierta para que permita al fresco aire nocturno que entre y refresque esta habitación que está mal ventilada.

El aire nocturno de Florencia es puro y refrescante. El cielo nocturno de Florencia es fresco y claro.

Esta noche se ven las estrellas fugaces que surcan los cielos. Me estoy sonriendo en la oscuridad, mis incisivos iluminados por el resplandor de las estrellas fugaces que cruzan los cielos.

Me pregunto cómo serán los cielos nocturnos en la amplia gama de las nuevas tierras del Nuevo Mundo que se encuentran al otro lado del océano. Se dice que son tan vastas como Europa, si no más.

"Ahora, en una república bien ordenada, nunca debería ser necesario recurrir a medidas extra-constitucional," el Maestro escribe.

Quiero el poder. Añoro la tiranía.

Yo soy un príncipe sin reino. Me gustaría gobernar a un principado en las tierras de la Nueva España o Nueva Ámsterdam.

"No permitamos que príncipes se quejen de los fallos cometidos por el pueblo sometido a su autoridad, ya que son enteramente fruto de su propia negligencia o mal ejemplo," el Maestro ha escrito.

Miro al cielo estrellado de la noche. Giro mi cabeza y miro al Maestro.

Me dan escalofríos de asco ante la vista de él . . . lo detesto. ¡Y te detesto a ti!

Con mis garras he dado las vueltas a las páginas de *El Príncipe* y he aprendido mucho de ella.

No me interesa la adulación; desprecio los elogios; no me fío de los que portan buenos modales.

"El hombre es tan felizmente absorbido en sus propios asuntos y disfruta del engaño a sí mismo que para él es difícil no caer víctima de esta plaga, y algunos de los esfuerzos para protegerse de los aduladores corre el riesgo de que uno sea despreciado," el Maestro ha escrito.

Este Príncipe ha aprendido.

Quiero nada más que llores hasta que llegues a la sumisión. Quiero que me respetes y me tengas miedo; tu amor y adoración no me importan.

"El hombre ha imaginado repúblicas y principados que nunca existieron en la realidad. Sin embargo, la manera en que los hombres viven están tan lejos de la forma en que debemos vivir que quien abandona lo que es de lo que debería ser sigue su caída en lugar de su preservación; para un hombre que se esfuerza hacia la bondad en todos sus actos ese hombre llegará a la ruina, pues hay muchos hombres que no son buenos," el Maestro ha escrito.

La terraza está adornada con plantas en floración. Los pisos de piedras se enfrían según avanza la tarde. Miro al Maestro, bebiendo coñac mientras pone su pluma hacia abajo por un momento. Enseño mis incisivos por un momento.

Me dirijo una vez más y miro el cielo nocturno. Se ven estrellas fugaces—supongo que podría aparecer a un chino como aliento de fuego de dragones o el aliento de fuego de serpientes emplumadas como creen los aztecas.

Las interpretaciones son libres para inventar y dan lugar a todo tipo de opiniones.

"La verdad es que uno quisiera ser, a la vez, la una y la otra; sino porque es difícil de combinar ambas, es mucho más seguro ser temido que ser amado si no puede ser ambos al mismo tiempo," el Maestro ha escrito.

Me hace temblar de asco sólo en pensar en ti.

Soy el Príncipe.

12 María Félix

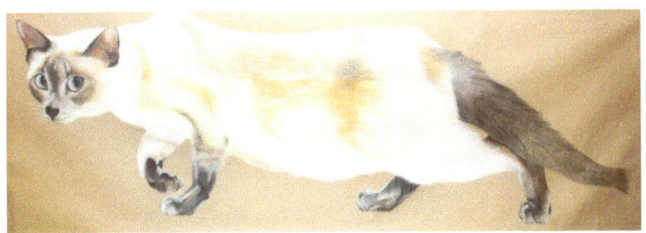

Pocos son los días sin leche y miel. Aún menos son los días sin . . . *drama*.

No es fácil ser hermosa. No es fácil ser agobiada por las responsabilidades que impone la belleza exquisita. Así es.

Señal: pausa dramática.

Estoy seguro de que eres lo suficientemente experto para reconocer los diamantes verdaderos en mi collar cuando vea los diamantes verdaderos en un collar.

Cuando uno es la mascota de la Diosa de la Edad de Oro del Cine Mexicano, uno vive el sueño de gozar de la vida en el aroma de la seducción.

María Félix es dueña del diamante denominado Ashoka, ¡tan intachable como mi ama! Se demoró Cartier París más de un año para crear un collar de diamantes en forma de serpiente que ella le encargo en 1968. Hecho de oro blanco y platino, la serpiente era completamente articulada con incrustaciones de 178,21 quilates de diamantes.

Yo lo sé. ¡He tenido tiempo suficiente para contarlos!

María Félix acostumbra descansar cada tarde. En su recamara, al lado de la ventana, ella tiene un precioso *chaise longue*, cubierto en tela de seda y almohadas. Ella se reclina en la manera más glamorosa con gestiones dramáticos, como si se estuviera preparando para que le tomen su foto al estilo de Marlene Dietrich o Greta Garbo. Es así como se prepara para tomar su siesta de la tarde.

Es entonces cuando me acerco y reposo mi preciosa cabeza en sus senos, descansando mi mejilla izquierda sobre su corazón.

Cuando ella tiene puesto su collar de serpiente de diamantes me quedo asombrado de cómo los diamantes chispan. Sigo la luz de los diamantes con mis ojos y me hacen feliz.

Ella me llamó Ashoka porque, María Félix dijo: ¡Me recuerdas a un diamante perfecto!

¡Sonríe cuando toco los diamantes como si intentara captar las chispas!

Eso es lo que estoy tratando de hacer, pero no puedo dejar que se dé cuenta.

Su marido, Alex Berger, no le gusta que descanse sobre su pecho, o que "garre" a sus diamantes. Ella mueve sus ojos con desprecio.

"Tú tienes tus caballos de purasangre para disfrutar," le dice en mi defensa. "¡Yo tengo a Ashoka a quien consiento porque me hace feliz!"

Consentir mis deseos de felino le da gran placer a mi ama.

A continuación, en ocasiones, también le dice: Soy una fiera y necesito alguien que cobrará mi equipaje en esta vida . . .

Monsieur Berger no dice nada. Él se acerca y la besa en ambas mejillas, me acaricia detrás de las orejas, y se retira.

María Félix es tan feroz como una pantera. Tiene que ser. Eso es lo que este mundo exige de uno si uno quiere siempre contar con leche y miel.

Estoy seguro de que le parece que la visión de María Félix, con una extravagante pieza de joyería puesta en las tardes, mientras descansa sobre *chaise lounge* y un felino tomando una siesta en su seno, es una imagen obscena.

Señal: pausa dramática.

Sé que no le importa. ¡A mí tampoco!

Su mano descansa sobre mi cuerpo. Mi pata descansa en sus diamantes. El calor de mi cuerpo la calma. El latido de su corazón es un ritmo que me calma para que pueda dormir.

Después de una hora de siesta, ambos estamos refrescados, listos para tomar el mundo, sea cualquiera cosa que se presente en la tarde o en la noche.

Es buena. La vida.

Esta tarde un hombre de Nueva York llamo preguntando si podía reunirse con ella. Su nombre era Thomas Hoving y quería su opinión sobre ciertas ampliaciones previstas para un museo en Nueva York donde es director.

¿Quiere saber si ella le puede dar consejos sobre cómo armar una recepción en el museo que sea aún más glamoroso?

María Félix se sentó, con el teléfono en una mano, mientras ella me sujetaba contra su pecho.

¿Puedo? ¡Claro! respondió, con una risa.

Envíame un avión para recogernos en el catorce del mes próximo, le voy a mostrar cómo realizar una apertura en el museo que sea el evento social de la temporada neoyorquina, Thomas.

¡Un jet privado de Nueva York llego para recoger a mi ama!

Señal: pausa dramática.

Cuando eres bella, el mundo te desea. Cuando uno cuenta con una inigualable belleza, el mundo te añora.

Yo supongo que, en Nueva York, hay collares incrustados con diamantes dignos de mí, Ashoka, el felino de María Félix.

¿Supones que así será?

13 Marilyn Monroe

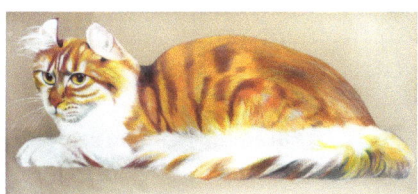

Soy el templo de todo el aprendizaje.

Esta declaración proviene del maullido de una gata aunque puede parecer como una cosa arrogante. Sin embargo, no es así cuando se trata de mí. Mi declaración no nace del orgullo. Es la constancia de un hecho: *yo soy el templo de todo el aprendizaje*.

Durante mi tiempo con mi bella ama, me convertí en su musa. Yo era una lección que ella tenía que aprender. Me sentaba en una hilera de sol durante horas y contemplaba su belleza. Era, para mí, una meditación. Y fue mi paciente admiración, con mis ojos fijos sobre ella, que aprendió a ser contemplada sin convertirse en sujeto cosificado.

Para una ama, que vivió su vida bajo la mirada del mundo, el poder de la meditación fue el endiosamiento del hechizo. Una vez rota, la mente y el corazón ya no están abiertos al afecto o el desprecio. Meditación que arroja el hechizo de la incredulidad.

El hechizo es todo.

Sí. Los hechizos hacen que el mundo sea manejable. Sí. No hay mayor fuerza que la que viene cuando uno puede soltar lo que ama, cuando uno puede a aceptar al final lo que viene al decir adiós.

Me acostaba sobre un cojín y admiraba la mesa cerca de la ventana. El sol brillaba en toda la habitación. La mesa se iluminaba. Había libros sobre la mesa—escritos por Sylvia Path y Anne Sexton—como si una escritora estuviera en competencia con la otra. Estos eran libros torturados, con maravillosas meditaciones de estas dos mujeres enfermas mentales. Los rayos del sol bañaban los libros apilados en la mesa con su luz cálida, situados junto a jarrones llenos de flores. Esas flores perfumaban con su aroma todas las habitaciones.

Los libros pasan al olvido y las flores se marchitan. Con el tiempo hasta la memoria se desvanece.

Con el tiempo la libertad nace de la reflexión.

Con el paso del tiempo es que vienen las epifanías. Cuando el aprendizaje se pasa a otro ser humano a través de la mirada de una gata, no es fácil de olvidar esa lección.

Mi meditación era su fortaleza. Mi mirada le dio el poder de la creación. Mi ronronear fue una llamada a la libertad.

No hay nada más que enseñar.

Me he bañado en la calidez del sol que inunda la casa a través de las ventanas del hogar agradable de mi ama.

No hay más lugares para reposar.

No hay ninguna grieta en el cual no me he escondido.

No hay ventana en la cual no he dormido.

Mi ama no ha sufrido ninguna decepción de la vida por la cual no he llorado.

Le enseñe el poder de trascender el sufrimiento del presente para que aprecie la serenidad de lo eterno. Le enseñe esto a través de los movimientos elegantes de una felina. Esta gata fue sublime, pero al mismo tiempo fui un disturbio civil en la manera en que bailaba sobre los muebles, como si estuviera en una pasarela, realizando conjuros de encantamiento. Esta gata fue un templo de silencio meditativo.

El poder de mi ama para crear proviene de entender la diferencia entre la creatividad y la destrucción de sí mismo.

Con estas lecciones enseñadas y estas lecciones aprendidas sólo quedaba una última lección: *La finalidad del adiós*.

Es entonces que me ronronee mi último adiós. Y a través de una ventana abierta, salte y corrí y corrí y corrí por los jardines que rodean la casa de mi ama. Y en un momento más, me pase las rejas de hierro y corrí y corrí, aún más y más rápido y más lejos.

Disfrutando de la libertad y la liberación que fue el acto de dejar de ser suya, como ella lo había dejado de ser de él, corrí y corrí lejos de la fortaleza de su corazón.

Con mi firme mirada fija hacia adelante, me encontré en la calle con la esperanza de llegar a la libertad del otro lado.

14   Jacqueline Kennedy

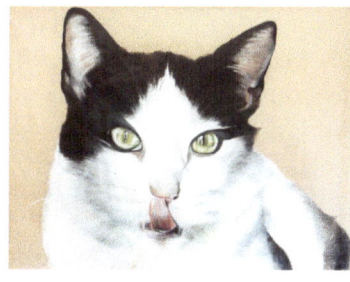

Me gustaría contar con el consuelo de la fe.

¿Cómo es que mi ama cuenta con el consuelo de la fe?

He contemplado la sonrisa en su rostro mientras las lágrimas aparecen en sus ojos.

Aquí estoy retozando a su lado, tan abatido como un perro. En toda su tristeza, que también es mi tristeza, yo también me siento desamparado.

Me gustaría contar con el consuelo de la fe.

¿Cómo es que mi ama cuenta con el consuelo de la fe?

Fue en esos días oscuros en noviembre de 1963, cuando la luz del sol disminuye en anticipación del invierno, que la Señora Kennedy se mantuvo distante y lejana. No me miraba mientras me acariciaba la cabeza y el cuerpo; sus manos pasaban sobre mí, en un movimiento de una caricia, pero no era como antes.

Ya no era como antes de Dallas.

Sin embargo, ella sigue firme en su fe. Un día, ella cree, se reunirán de nuevo en el Paraíso. Ella habla en voz alta sobre ello. Ella le dice esto a sus dos hijos.

Sus hijos se resisten y se escapan de su abrazo.

Es entonces cuando se pone de pie y camina de un lado a otro lado de la habitación. A veces mira por la ventana. De vez en cuando se mueve hacia su escritorio. Revisa el montón de cartas y recortes de prensa que se acumulan en su escritorio.

Sólo uno resalta. Es éste el que recoge, lee y relee otra vez, mientras le acaricio sus tobillos y espinillas con mi cuerpo.

Publicado en el periódico *The London Evening Standard*, Lady Jeanne Campbell declaró: "Jacqueline Kennedy le ha dado al pueblo estadounidense . . . una cosa que siempre han carecido: majestad."

Los días se mezclan uno con el otro. Las noches son frías, sin confianza.

Es en este dolor, tan obscuro, tan bruto, tan intenso que la conservo más que nunca. Me duele ver su rostro, y es sólo cuando puedo tocarla que encuentro la fuerza para superar la soledad y esperar la llegada de la luz de la mañana.

Con gusto daría todas mis vidas de gato para que él pudiera volver a ella.

Sin embargo, estoy seguro de que llegará el día cuando mi ama reirá una vez más. Sí, ese día llegará.

Y cuando llegue, será majestuoso.

Yo soy el gato de la Señora Kennedy. Y mi ama es majestuosa.

15 Murasaki Shikibu

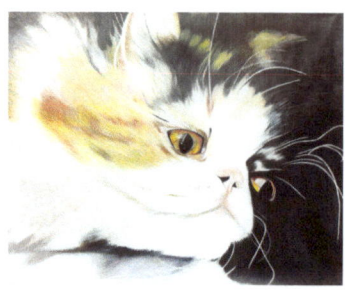

Hay veces los padres son crueles, no porque lo quieren ser, sino porque no se expresan con cuidado.

Yo soy Dama y mi ama es la Dama Murasaki. Este es el primer año del siglo X de la Era Común y vivimos en Japón. Noticias han llegado del Palacio Imperial que la Emperatriz Shōshi, mejor conocida en como la Emperatriz Akiko, desea que la Dama Murasaki acepte el honor de ser una dama de la corte Imperial.

Este acontecimiento es razón de mucha alegría en la familia de Murasaki Shikibu. Shikibu me abrazo aguantándome a su pecho al enterarse de las noticias y me dijo: "¡Dama, el destino nos bendice otorgándonos esta oportunidad! ¡Ahora viviremos en la Casa Imperial!"

Esta gata es lo suficientemente inteligente como para darse cuenta que el padre de la Dama Murasaka probablemente lamenta haberle dicho una cosa desagradable hace años atrás. Él no tiene la intención de lastimar el orgullo de Shikibu, pero así fue. Así es cómo sucedió: asombrado de su intelecto y la rapidez con que aprendía en comparación con su hermano, su padre le dijo, "¡Si hubieras nacido varón, Shikubu, lo feliz que debía de ser!"

Shibuku sonrió y fue muy atenta, pero después ella lloró hasta que se durmió mientras yo me acostaba sobre la cama de tatami junto a ella. Lamí las lágrimas que caían de su rostro y mojaba su cabello. Lloró porque ella ya no quería ser una niña, si al convertirse en un niño, su padre estaría aún más orgulloso de ella.

Fue un lamento infantil de una niña inmadura. Hice todo para consolarla. Así debe de ser: a fin de cuenta, *soy una dama*.

Todo esto sucedió años atrás. Al crecer, Shikubu se dio cuenta que los padres pueden decir cosas que llegan a lamentar. Shikubu, cuando ella llego a ser madre, pronto aprendió que ningún padre o madre es perfecto y todos los padres tienen momentos en que se dudan a sí mismos. Claro que ella amaba a su hija e hizo todo para ser la madre más sabia que podía ser, y ni así superaba la duda que ella jamás estuvieran en un error.

Sin embargo, durante este glorioso Período Heian en Japón durante el cual Shikubu se ha convertido en la Dama Murasaki y fue convocado a la corte Imperial como dama, una oportunidad que le brindaría horas de ocio en las tardes.

Fue durante este tiempo que nos retirábamos a nuestras cámaras—la Dama Murasaki y yo—a contemplar el mundo y pensábamos de los varios aspectos de la vida. Vestida en su kimono de seda, descansaba sobre las almohadas en una esquina, mientras yo rayaba los tapetes de tatami antes de acercarse a mi ama y acurrucarme junto a ella. Reposo mi cabeza en sus tobillos. Ella me acaricia cuando toma un descanso de tanto escribir.

En su diario—debo confesar que rayaba la voluta hasta que se extendió—una entrada decía:

"¡Efectivamente, fue un momento en la historia de nuestro país cuando toda la energía de la nación parece que estaba concentrada en la búsqueda de los más bonitos métodos de montar el papel de volutas!"

¡Y se me hizo una gran tarea enrollar esa voluta!

Hasta hoy en día no puedo entender cómo nunca se dio cuenta. ¡Supongo que mi dama está muy preocupada por los asuntos de la corte Imperial para darse cuenta de mí, su gatita traviesa!

"Dama, tú eres mi confesor," la Dama Murasaki me decía, mientras me aguanta junto a su pecho. Me besaba sobre mi cabeza y, en un momento más, me colocaba sobre el tapete de tatami.

Luego regresaba a sus escritos. Si le interesa saber, sus escritos constituyen una relación que los hechos desimaginados sobre sus observaciones de los detalles de la corte Imperial y su vívida imaginación. Por mi parte, yo ronroneaba a su lado y cuando lo hacía, su mano me acaricia la cabeza.

Las palabras fluían fácilmente a formar oraciones. Las frases salían una tras otra para formar una narración. La narración se ensamblaría en una historia épica: *La Historia de Genji*, conocida en el mundo de habla hispano como *Genji Monogatari*.

Esta Dama maúlla mientras la Dama Murasaki leía pasajes de su novela en voz alta. Su propósito era de leer en voz alta para el placer de pequeños grupos de damas reales que se reunían para tomar té verde y consumir los diversos pasteles de arroz conocidos como mochi. A veces, otras damas se reunían en la cámara de la Dama Murasaki, donde se servían tazas de té verde y dulces de mochi, para levantar los ánimos de las damas asistentes.

Dama Murasaki se ponía de pie y leía:

En un cierto reinado hubo una dama, no de primer rango, quien el emperador amaba más que a cualquiera de las otras. Las grandes damas con ambiciones altas pensaban que era una insolente advenediza, y las menores damas fueron aún más resentidas. Todo lo que ella hacía ofendía a alguien. Probablemente consciente de lo que estaba ocurriendo, cayó gravemente enferma y llegó a pasar más tiempo en casa que en la corte.

Es posible que debido a un enlace en una vida previa que ella le dio al emperador un hermoso hijo, una de las joyas más allá de cualquier comparación. El emperador ardía de fiebre así era su impaciencia por conocer al niño a la mayor brevedad posible de días al saber del parto. Cuando el infante llegó a la corte, las plantas paulownia estaban llenas de flores en el jardín . . .

Me sentaba en posición vertical. Sentía tanto orgullo del encanto con el cual mantenía a su audiencia. ¡Sus palabras le daban felicidad a estas damas reales, llenándolas de emoción y sus escritos así lo harían a multitudes de lectores a través de los siglos por venir!

¡Mi bella ama poseía el don de encantar, al igual que todas las *damas* cuentan con ese don, independientemente de su especie!

16 San Martín de Porres

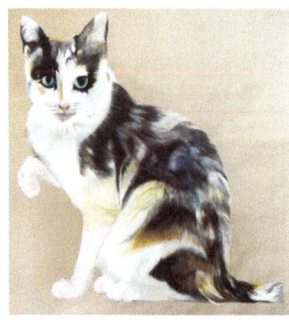

Donación es mi nombre. Soy un gatito. Y puedo volar.

¿Usted no me cree? ¿Usted no cree que un gatito pueda volar?

Bueno, se equivoca. ¡Sí puedo volar y se lo voy a mostrar!

Pero antes de hacerlo, usted tiene que comprender donde estoy y quien es mi compañero humano.

¡No puedo llamarle amo! Él odia esa palabra. Esto se debe probablemente a que su madre, Ana Velázquez, nació esclava en un lugar que se llama Panamá. Su padre, Juan de Porres, un noble español, los abandonó poco después de su nacimiento.

No todos los nobles son noble.

¿Cuál sería la razón que un hombre abandonaría a su hijo y a la madre de su hijo? Algunos dicen que es porque la madre de Martín fue una esclava. Otros especulan que fue porque ella era una negra. En ese entonces había un fuerte sentido prepotente entre los europeos caucásicos que radicaban en las colonias de España en los siglos XVI y XVII, especialmente en lugares como Limá, que se convertiría en la capital del Perú en lo futuro. Después de que esa pobre señora quedo sola y desamparada, Ana Velázquez se mantuvo a ella misma y a su joven hijo Martín trabajando como lavandera. Vivían en la pobreza y en constante necesidad.

¡Probablemente soy un gatito mestizo yo mismo! Tengo pelo blanco y pelo negro. ¡Pero yo me veo guapo!

Ser negro o blanco es diferente para un gato que si eres un ser humano. Si eres un gato, esta combinación te hace adorable. Si eres una persona mulata, esto te confina a una vida de pobreza.

Fue la pobreza de su familia que motivó a Martín a ofrecerse como voluntario, a los quince años de edad, a la Tercera Orden de Santo Domingo. Lo aceptaron como un joven sirviente. Pero Martín era muy inteligente y el previo del Santo Rosario, Juan de Lorenzana, era muy cristiano. Reconoció algo diferente acerca de Martín y le permitió, en violación de la ley que prohíbe a las personas que eran mestizos o mulatos, de inscribirse a la profesión de hermano lego en la orden dominicana.

Es entonces que el Espíritu Santo poseo a Martín.

¡Es entonces que los milagros comenzaron a manifestarse!

El primer milagro fue algo inexplicable hasta hoy en día.

Un día, los hermanos dominicanos se dieron cuenta que había una plaga de ratones en el monasterio y que esta plaga hacía sus nidos en los pliegues de los vestidos de lino para los pobres, algunos de los cuales eran muy caros. Se dice que el costo de un manto podría alimentar a varias familias durante más de un año; había cientos de estos vestidos de lino. El plan era envenenar a los ratones para librarse de la infestación. Martín se opuso al plan para matar a los ratones.

¿Sería que quería contar con los ratones para que pudiera practicar mis técnicas de cazar?

¡No, eso es una tontería!

¡Martín no quería que mataran a los ratones! Él no quería que ningún mal les llegara a ellos.

Así que él fue a los armarios donde los vestidos de lino se guardaban, abrió las puertas y se puso de rodillas. Luego habló con los ratones, diciéndoles, "Hermanitos, ¿por qué ustedes y sus compañeros están causando tanto daño a estas cosas que son pertenencias de los enfermos? Miren, yo no les voy a matar, pero les propongo que ustedes y todos sus amigos se unan y se muden hasta el lugar más lejano del jardín. Todos los días les daré de comer si dejan el vestuario en paz."

En un instante, toda la sala se animo con el movimiento de cientos de ratones que corrían, buscando sus caminos a la puerta, y corrían por el pasillo hasta llegar a los jardines que rodeaban el monasterio. Martín cumplió con su palabra y él se aventuraba todos los días hacía los jardines para alimentar a los ratones. Yo seguía detrás de él y me quedaba tranquilo para ver; los ratones sabían que yo sólo quería jugar con ellos y no les iba a hacer ningún daño de cualquier tipo.

Los dominicos no entendían cómo estos nidos de ratones podrían vivir en los jardines sin que infestaran al monasterio. Estaban más asombrados por la capacidad de Martín de levantar su mano y así mantenía los ratones bien quietos.

A mí no me importaba. Todo era gran diversión. De mi punto de vista, con los ratoncitos ahora contaba con otras pequeñas criaturas con las que podía jugar, seres quienes no me tenían temor alguno.

Bueno, eso no es *totalmente* cierto . . . había un hermano que insistía en revisarme completamente para ver que no tenía ni pulgas ni garrapatas después de haber estado en el jardín con los ratones por un largo tiempo. ¡Qué pena!

Pero estos no fueron los únicos poderes milagrosos con los cuales Martín contaba—el poder de comunicarse con los roedores y controlarlos.

Él contaba con el poder de levitarse. Él podía desafiar la gravedad y volar centímetros por encima del suelo.

¡Yo me aferraba a su manto! ¡Yo me escondía en sus bolsillos! ¡Yo me acomodaba dentro de su cubierta! Hacía todo lo que podía para subirme a su persona cuando estaba a punto de levitar.

No sé cómo lo hacía, pero siempre sabía cuando estaba a punto de levitar.

Yo me aferraba a los mantos de este hombre que algún día se convertiría en San Martín de Porres, el santo patrono de los mestizos o mulatos y de quienes trabajan para la armonía entre las razas, momentos antes que, poseído por el Espíritu Santo, se levitaba.

¡El momento en que él se levitaba, entonces yo también estaba en vuelo!

Nos elevábamos por encima de las mezquindades del mundo y en desafío de la gravedad y el fanatismo.

Milagro de los milagros.

17 Savitribai Jyotirao Phule

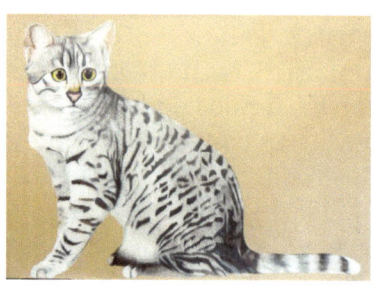

¡Bailo, viva y libre!
¡Bailo parada en mis piernas traseras para ver si puedo tocar el cielo con mis patas!
Bailo rodeada de paños de velos.

¡Los colores de la India son los colores de la exuberancia. Son los colores de la vida!

Yo soy una gata alegre y mi nombre es Saraswati.

Mi ama es Savitribai y ella me quiere mucho. Cada mañana, mientras reza, me acerco a ella y quedo asombrada por su devoción.

Pide una cosa y solo una cosa: la fuerza para que pueda abrir la primera escuela para niñas en la India que existe durante la época del Raj británico.

En la misma manera que los velos en la casa de mi ama se mueven en la brisa de la tarde, así son las curvas de mi cuerpo cuando bailo sobre los pisos. Sí no lo sabes, Saraswati es el nombre de la diosa del aprendizaje. En la mitología, ella está asociada con el flujo del agua. En la misma manera que el agua fluye sobre las curvas sensuales del cuerpo femenino, el aprendizaje fluye sobre las mentes de los estudiantes.

El salón de mi ama está envuelto en velos traslucientes de color rojo, naranja y caléndula. Amplifican la luz del sol que entra a través de las ventanas. En la mañana, los colores son vivos y deslumbran; en los atardeceres, los colores son robustos y fuertes.

Es alegre tomar vuelo y correr a través de la habitación histérica, corro entre los velos y doy carreras con vertiginosa velocidad. La exuberancia sin límite y la aleatoriedad de mis carreras por toda la habitación me llenan de alegría.

Me apuro a una esquina, y, a continuación, doy prisa al otro rincón. Silbo una presa de mi imaginación o pretendo escapar una amenaza. Me doy prisa como flecha y doy saltos de felicidad al estar viva.

Es una celebración de la vitalidad y hace que los velos se muevan como un torbellino de luz, translúcido y efímero.

Savitribai no sabe qué pensar de mi exuberancia. Ella se sienta en silencio mientras reflexiona, ofreciendo incienso a la diosa del aprendizaje.

La diosa en cuyo honor mi ama me nombró escucha de sus oraciones y le contesta en lo afirmativo.

Ay, suficiente motivo para dar una corrida a través de la sala para un baile frenético y alegre.

El año es 1852 y Savitribai es la primera maestra femenina en Raj británico, el nombre colonial de la India, y ella se siente abrumada de gratitud: ella está a punto de abrir la primera escuela de niñas de la casta de los Paria, mejor conocidos como la clase de los Intocables.

Habrá una gran resistencia. Tendrán que soportar los dolores de las piedras lanzadas contra ella y sus alumnas por los que se niegan a aceptar que las mujeres tienen derecho a aprender.

Esto no hará que se den por vencidas.

De la misma manera el Ganges fluye a través de las tierras de la India, también fluye la diosa del aprendizaje a través de los deseos de las mujeres en la India.

Pasarán los años y Savitribai soportará los insultos de misóginos, las piedras de fanáticos que creen en el sistema de castas, el desdén contra la paria y los que quieren defender las medidas más represivas de la vida en la India durante la época del Raj británico.

Con la bendición de la diosa, la escuela prosperará y las mujeres jóvenes aprenderán y serán empoderadas.

Pero son muchos los desafíos y el régimen Raj británico casi se derrumba a raíz de una pestilencia. La Gran Plaga de 1897 enciende a la India.

Algunos culpan a las mujeres por la plaga. Otros culpan a los ingleses.

A pesar de todos estos acontecimientos Savitribai y su marido, Mahatma Jyotirao Phule, perduran como el Ganges perdura.

El sol de la mañana y el de la tarde se deslumbra a través de las ventanas de su casa. Las ricas tonalidades de la vibrante vida se mueven entre las cortinas de seda en la brisa. Doy de bestezuelas con abandono en medio de los velos, mi sombra visible a través de las transparentes franjas de los paños.

Es un motivo de orgullo cuando digo que mis movimientos felinos, dándose mi audacia, y mis sombras proyectadas a través de las telas de los velos sí son como poesía.

De hecho, es ahora que Savitribai empieza a componer su propia poesía en la tradición de Marathi. Cuenta con tanto éxito que se recuerda como uno de los pioneros de la poesía moderna de la India.

¡Yo soy su musa!

Ella admira el cuerpo de la diosa Saraswati y es como mirar a las suaves curvas de un felino.

¡Bendecidos son los pobres! ¡Bendecidos es la Paria! ¡Suyo es el mundo entero y las maravillas de la vida!

Yo bailo y me siguen cazando entre los velos de color que se mueven en las corrientes de las brisas frescas de la India.

Todo este tiempo el Ganges fluye sin pausa hasta que llega al mar.

A pesar de los obstáculos puestos en su camino por los hombres, las mujeres jóvenes aprenden una por una.

Aula por aula.

Una casta por una casta.

Y yo bailo como si un río de velos fluyera sobre mi cuerpo. Los velos se mecen al moverse en la brisa que mis propios movimientos crea.

¡Ella enseña! ¡Ellas aprenden!

Niña por niña.

Una por una.

18 El gato de septiembre

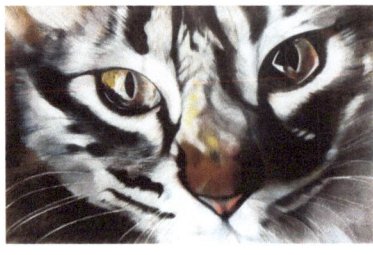

Estoy disfrutando del sol que ahora me baña a través de la ventana. Es un cálido sol en este día frío del otoño.

En Nueva York, uno tiene suerte si las ventanas de uno no se encuentran en la sombra de alguna torre.

El sol que baña la recamara le encantaría a mi amo, pero él permanece ausente de nuestro hogar. Él no está aquí y lo extraño.

Mi plato está vacío de comida y he pulido toda mi agua. Por el momento, solamente el sol me ofrece compañía.

Me quedé en la cama en una franja de sol y me fui a un sueño profundo. He tratado de recordar dónde fue mi amo. Víctor es así, de vez en cuando simplemente desaparece por un día o dos sin previo aviso. Sin embargo, cuando se va como es su costumbre llena mi plato de bastante comida.

Volverá; siempre ha vuelto. Pero estoy tratando de recordar otro septiembre cuando Víctor, ese mi compañero sensible, desapareció de esta manera.

No lo puedo recordar.

Perdóneme si tengo sueño. Estoy cansado y me siento débil. No estoy acostumbrado a la luz de tanto sol que entra por la ventana; calienta la habitación con tanto sol ahora que estoy viviendo en la sombra de alguna torre.

Dejo mi cabeza sobre la almohada. Me siento, más soñoliento que nunca, caer en un sueño mientras trato de recordar otro septiembre semejante y no puedo. Sueños que he mantenido junto a mi almohada ahora parecen desvanecerse mientras intento recordar las cosas.

Lo único que sé es que hace días que no se ha encendido la vela a la Virgen de Guadalupe.

¡Y entonces, de repente, oigo un golpeteo en la puerta!

"Víctor," una voz masculina grita mientras él azota furiosamente en la puerta. "¡Víctor! ¡Víctor! Es el Superintendente. ¿Estás ahí?"

Trato de levantarme, pero tropiezo y pierdo el equilibrio. Todo lo que puedo lograr, por alguna razón, es un débil "miau."

"¡Víctor! ¡Por favor, dime que estas ahí!" el Superintendente grita, mientras se escucha el rumor de las llaves.

Hay otras voces en el pasillo. Yo trato de maullar.

La manija hace un ruido cuando abren el candado. Una mirada a vuelo de pájaro confirma es el Superintendente. Esta acompañado por personas desconocidas. Levanto mi cabeza de la almohada y maúllo.

Revisan nuestro pequeño departamento. Un hombre lleva un uniforme que dice "Local 100." Otro sostiene un portapapeles que dice "Sindicatos de Empleados de Hoteles y Restaurantes."

Logro otro débil "miau."

El Superintendente viene hacia mí, se sienta junto a mí y, sin razón, empieza a sollozar.

"¡Ay, Dios, por favor, no, no puede ser!" dice mientras llora, sus manos cubriendo su rostro.

Uno de los desconocidos se me acerca, me levanta y susurra: "¡Pobre gato, te estás muriendo de hambre!"

¿Será cierto?

Me lleva a la cocina, abre las puertas de los gabinetes. Él encuentra comida y abre una lata de alimentos para mí y lo coloca en el comedor. Él se mueve al grifo y llena un taza pequeña con agua.

Alimentos. Agua. Sustento.

Otro desconocido marca su teléfono celular.

"Estamos dentro. Él no está aquí," le dice a alguien. "El Super nos abrió."

Los hombres convienen. El Superintendente se calma para responder a unas preguntas.

"Él estaba programado para trabajar la cocina en el undécimo," uno de los desconocidos le dice a quien está hablando a su teléfono celular. "Se le pagaba en efectivo, por lo tanto es mínimo el papeleo. Pero él estaba en el trabajo sin duda; su ausencia aquí lo confirma."

Mientras devoro los alimentos y satisfago mi sed, los hombres comienzan a moverse con cuidado, toman fotografías y buscan papeles.

El Superintendente se sienta en la cama y, en un momento, se voltea hacia las ventanas que permite que el sol brille simplemente porque no estamos en las sombras de ninguna torre. Las lágrimas caen de su rostro.

Y esto lo sé: Víctor Martínez Pastrana ya no regresará ni a casa ni a mí.

19 Shosheng I

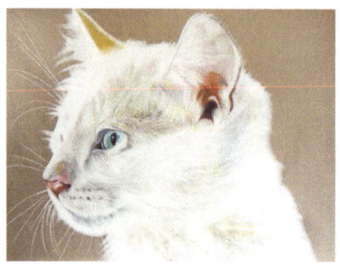

Bastet es mi nombre y yo soy una diosa.

Este es el Nuevo Reino de Egipto y Shoshenq I manda.

Y yo lo mando a él.

Sin duda es bueno ser la diosa de los Faraones. Es aún mejor ser venerada por un culto de los fieles. Lo mejor es tener un centro ceremonial, Bubastis, construida en mi honor cerca del delta del Nilo.

Junto con Sejmet, somos los Ojos de Ra. A la humanidad les otorgamos protección, la fertilidad, la maternidad y la benevolencia del Sol.

Venérame y serás protegido, como los gatos defienden a sus hogares. Venérame y tus mujeres serán tan fértiles como el delta, y darán a luz a tu progenie. Ora a mí y el sol brillará en vosotros como franjas de sol que calientan los cuerpos de los felinos que descansan por horas de ocio todos los días de sus vidas. Haz estas cosas y serás digno de mis bendiciones en la misma manera que he bendecido la obediencia, la devoción y la adoración de Shoshenq I.

En mi ten temor. Honra mi imagen. Arrodíllate en respeto.

Yo me alimento de su adoración y devoción. Añoro su respeto y reverencia. Es natural que una diosa de mis poderes exija estas cosas.

Mi preciado fiel, el faraón, Hedyjeperra Setepenra Sheshonq I, es tan feroz como un felino. Como debería ser; esta bajo mi protección.

Sus logros se describen en los libros del Antiguo Testamento. En Reyes 11:40, 14:25 y Crónicas 12:209, relatan cómo invadió Judá cuando Roboam gobernaba y cómo se apoderó de los tesoros del templo Salomón. Su alcance se extiende hasta Megiddo en el Reino de Israel y llega a Biblos en el Líbano y de ahí llega a las ciudades de Filistea y Fenicia. Shoshenq I fue bendecido con la fuerza de un león.

Su hijo, Osorkon I, gobernaría como Faraón después de él mientras que otro hijo, Input A, se convertiría en el Sumo Sacerdote de Amón en Thebes. Su tercer hijo, Nimlot B, fue nombrado Jefe del Ejército de Heracleópolis. Esta es la fuerza que da a los que adoran esta diosa.

Los palacios de Shoshenq I en la ciudad de Heracleópolis Magna, donde su familia se instaló después de su llegada de las tierras líbicas al oeste, fueron el hogar de los muchos gatos que amó y a los cuales les importaban. Asignaba sirvientes para alimentar y cepillar a sus felinos domésticos. Los esclavos se les ordenaron limpiar después que los gatos hacían sus abluciones. Era la política del estado fomentar el Culto al Gato.

A cambio—*los mitos son verdaderos*—me manifestaría tomando la forma de un gato durante la puesta del sol. Me aparecía al pie de la cama de Shoshenq I. Él acariciaba suave-mente su cama. Yo saltaba y me sentaba a su lado.

"Bastet," él decía. "Has llegado para aconsejarme esta noche."

Se levantaba y caminaba a la ventana, con la brisa del Nilo abajo a lo lejos.

"¿Qué sabiduría me revelas esta noche?"

Yo le miraría el rostro sin decir una palabra. Nuestros ojos penetran unos a los otros. Y el ese momento, Shoshenq I sabía lo que quería que oiga y entienda:

Yo soy Bastet y voy a protegerte, como una madre gata codicia sus gatitos recién nacidos.

20 Sor Juana

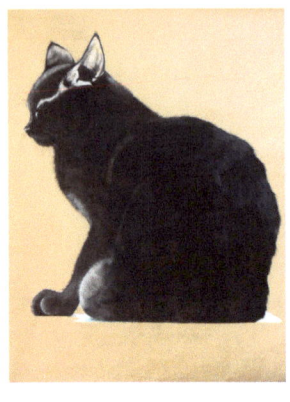

Ahora me acuerdo de todo.

Araño la soga de henequén. Se balancea y se aleja. Pero regresa hacia mí.

A veces me siento en posición vertical sobre mis dos patas traseras y con ambas patas libres araño a esa terca soga de henequén. Pero no puedo arañarla con demasiada fuerza; la soga sube hasta llegar a la torre del campanario y ha pasado que le he pegado con tal fuerza que he quedado aferrado a la soga ¡y ha sonado la campana de la iglesia!

Esto sucede por mi peso corporal y el impulso de mi balanceo y no por la fuerza de mi garra.

No está mal tomando en cuenta que en ese entonces era un *gatito*. Si podía hacer eso antes ¿se imaginan ahora que soy un *gato*?

Sor Juana, mi ama, me regaña por ser travieso.

¡Como si ella pudiera hablar!

Digan lo que digan, el Arzobispo de México aún no ha condenado a este felino por ser "díscolo." Sor Juana Inés de la Cruz, monja Jerónima aquí en Nueva España, a mediados del siglo XVII, ha sido amonestada por ser rebelde.

De veras no entiendo por qué.

Ella me susurra que son celosos.

"¿Quién?" le ronroneo.

"Los hombres," contesta. "Los hombres."

¿Serán celosos de su hermoso cabello negro que cae como cortinas de paños de seda sobre sus hombros? ¿Son celosos de las perfumadas prendas que viste?

"No, Tonito," me dice, usando el diminutivo de mi nombre, Antonio. "¡Ellos están celosos de mi mente!"

Ella me nombró Antonio en honor del Virrey Antonio Sebastián Álvarez de Toledo y Salazar, el segundo Marqués de Mancera, la Grandeza de España, que gobernará a Nueva España entre 1664 y 1673.

El señor no le agradaba la idea que las mujeres aprendan.

Yo, de veras, no lo entiendo: todo el mundo quiere que su hija aprenda a leer y escribir. Pero nadie quiere que las mujeres crean texto original. Juana Inés tuvo que pedirle permiso a su madre si pudiera disfrazarse como varón para matricularse como estudiante en la universidad de la Ciudad de México. Su madre asintió. La universidad en la Ciudad de México fue la primera universidad fundada en el Nuevo Mundo.

"¿Y porque son los niños tan especiales? ¡Soy un gatito macho y no creo que sea mejor que las gatitas hembras aquí en el monasterio!" le pregunte una vez.

Nos sentamos, hace años atrás, en el campanario, con vistas a la ciudad. Ella balanceaba la soga que subía hasta las campanas de la iglesia.

"Los niños tienen penes," me susurraba, cuchicheando. "Eso es lo que los hace especiales."

Ella balanceaba la soga de sisal una vez más. Se reía.

¿Esa cosa como gusanito que cuelga entre las piernas? ¡Mucho ruido y pocas nueces . . . casi nada!

Tuvo que cortarse el cabello y esconder un trapo en la entrepierna de los pantalones cuando se disfrazó como varón. De todos modos, la descubrieron. Su voz la traicionó; fue expulsada de la universidad. ¡Pero su acto insólito provocó un escándalo que llegó a la atención del Virrey y el del Arzobispo!

La Virreina Leonor Carreto instantáneamente se enamoró del intelecto de Juana Inés. Su marido, el virrey, no le hizo ninguna gracia en lo absoluto. Él quería llevar a juicio a mi ama, que en ese entonces tenía 17 años de edad. El virrey citó a juristas, filósofos, teólogos, escritores y poetas para poner a prueba los conocimientos del mundo y todas las cosas del mismo de Juana Inés. Sin preparación formal o notas escritas, ella respondió con capacidad y correctamente a las preguntas que le hicieron, usando sus conocimientos de los hechos y con la deducción lógica.

La Virreina Leonor finalizó el procedimiento inquisitorial aplaudiendo, gritando "¡Brava!" y le arrojo rosas.

Los rostros de los hombres se transformaron en sombría; no eran personas divertidas.

La Virreina Leonor entonces le entregó a Juana Inés una canasta. ¡Yo estaba en esa canasta!

Es entonces cuando me convertí en Antonio. Es entonces cuando la Virreina Leonor le prometió a Juana Inés que ella se encargaría de su educación. Es entonces cuando el Arzobispo la denunció como una niña díscola y rebelde.

Juana Inés se convirtió en Sor Juana cuando ella entro en el monasterio de la Orden de San Jerónimo. En poco tiempo se convertiría en un poeta de la escuela barroca y uno de los más grandes escritores de Hispanoamérica.

Sus palabras sobre el papel se llamarán *poemas*. Sus poemas se llamarán *literatura*. Su nombre será recordado y honrado *eternamente*.

Ella vela por mí mientras juego con la soga de henequén.

Ella escribe una carta, la que ha titulado "Respuesta a Sor Filotea." Se trata de una defensa del derecho de las mujeres para adquirir una educación y componer escritos originales. Ella sabe que incurre riesgos de ser censurada si no tiene cuidado en cómo ella elige sus palabras.

Cuando ella está pensativa, sus ojos se cierran hasta llegar al estrabismo. Ella mira fijamente la distancia tratando de cómo elegir mejor las palabras con el fin de expresar sus pensamientos.

También me escudriño los ojos cuando me levantó en mis piernas traseras y me preparó para dar una embestida hacia la soga de sisal. No importa lo que sucede cuando me apuñale, pues sé que Sor Juana me protegerá.

Ella estaba allí cuidándome cuando era un gatito. Y ella todavía está aquí cuidándome ahora que soy un gato adulto, casi tan grande como la barriga de la monja que pasa sus días horneando galletas de chocolate ¡y tiene la cintura tan grande como si estuviera embarazada!

La declaración definitiva de Sor Juana a favor al derecho de las mujeres para que adquieran una educación con la misma libertad que los hombres será recordada por la historia como, "Yo, la peor de todas."

¡Allí!

Me arremete . . . pero mi garra derecha se enredó en las fibras de la soga de sisal y acabe girando hacia atrás y hacia adelante con tal vigor que, con mi crecido peso muscular y el poderoso ímpetu de mi embestida, logre que las campanas de la iglesia sonaran . . . y al instante ella me agarró y salimos corriendo.

¡Sor Juana sigue cuidándome a pesar de mis travesuras!

Puedo oír las monjas—¡y la Abadesa otra vez!—subiendo los escalones de piedra. ¡Sus zuecos de madera son como una estampida sobre las piedras!

Saben que cuando hay problemas, ¡se trata casi siempre de Sor Juana!

¡De una manera u otra, sin embargo, parece que las travesuras siempre están en nuestro camino!

¡Este gato tonto y su ama, Sor Juana, que, de verdad, es tan feroz como una tigresa!

¡Que las campanas suenen! ¡Que las monjas corran detrás de nosotros!

¡Sea como sea, Sor Juana siempre estará muy por delante de todas ellas!

21 T. S. Eliot

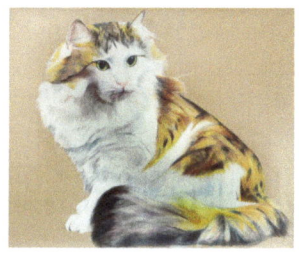

Me siento sobre su cabeza.

Así de ligero soy. Así de tonto él puede ser.

Su pelo es resbaloso; puedo deslizarme sobre su cabello. Así de brillante es.

Mi nombre es Munkustrap y soy ligero como un gatito probablemente porque soy un gatito.

El hombre en cuya cabeza me siento es el Thomas Stearns Eliot, mi amo. Él, a su vez, se encuentra en una sala, organizando las palabras en sus papeles para hacer puntos. Creo.

Este es mi juego favorito, manteniendo mi equilibrio mientras me siento en su cabeza.

Le divierte escucharme maullar en mi tono de voz alto. Es divertido tratar de mantener el equilibrio mientras el mueve la cabeza.

¿Supones que el sentarse en su cabeza afecta su uso de la razón?

"Católico de pensamiento, con una herencia calvinista, y de temperamento puritano," es como él se describió a sí mismo.

En resumen, ¡un desastre a todo dar!

Habló del mundo alrededor de él de esta manera: "Detesto las ciudades universitarias y los universitarios, que son las mismas en todas partes, esposas embarazadas y niños, demasiados libros y pinturas repugnantes cuelgan en sus paredes . . . Oxford es muy bonito, pero no me gusta estar muerto."

En resumen, un *misántropo*.

Tomasito, lo que yo le llamo, es un hombre de conflictos.

Tomasito se sienta aquí, conmigo, un simple gatito, sentado sobre su cabeza mientras él trata de arreglar sus pensamientos en palabras distribuyéndolas en frases que nadie nunca ha formado y de tal manera que hacen alusión a cómo otros, en el pasado, han sometido sus propios pensamientos a palabras en el papel.

La puerta se abre y entra una mujer. Ella le trae té y galletas. Ella me trae un platillo con crema. Es, por su propia iniciativa, "muy dependientes de las mujeres." Este es un modo egoísta de decir que ve con desprecio el aseo y las tareas domésticas y que exige a ser hecho como si fuera a un Señor de la corte real.

Estoy agradecido de ser un gato macho, sí fuera hembra, yo sospecho que insistiría que me pasare el tiempo en tareas domésticas, como cazar ratones.

Tomasito le encanta dejarse ser mimado y ser servido como todo un gran señor.

En ser un gran señor mimado, de veras, él se destaca. Aparte de mantenerse estable para que ni me caiga ni cuando me deslice de encima de su cabeza, bueno, eso es toda de la actividad física suficiente para él; él no se inclina a dar un paseo a lo largo de la playa como un protagonista en un poema.

Enseña en Highgate School, que no tiene fama de fomentar el atletismo entre sus estudiantes.

Lástima. Le beneficiaría hacer ejercicios de entrenamiento. La única cosa que le gusta levantar es un cigarrillo a los labios. Lo que le causa a respirar profundamente es una inyección de opiáceos.

Para un hombre de sensibilidad puritana, sin duda, sí disfruta hábitos crónicos y debilidades que producen adicciones químicas.

Si ésta es la manera en que una vida evoluciona, entonces ya se sabe como irá a terminar.

Piensa que yo sólo soy capaz de ronronear, pero eso no es cierto. Le puedo trasmitirle ideas a él por medios telepáticos. Tomasito me pone sobre su escritorio, lamo la crema que me sirve, y luego me acerco a su oído. Entonces froto la parte posterior de mi cabeza alrededor de su oído y me pongo a ronronear.

En ese maullido, que sólo él puede oír, le transmito una idea que él creerá que es la suya.

Hoy, le ronronee esta idea: "Shakespeare adquirió más historia esencial leyendo Plutarco que la mayoría de los hombres suelen hacer si visitarán todo el Museo Británico."

¡Qué idea más grandiosa, efectivamente pomposa, para colocar en la cabeza de alguien!

¡Ronronear con rencor y malicia felino!

Me pregunto si se comprometiera esta noción al papel.

Después que mi leve susurro le llega a su oído, me levanta una vez más y me pone sobre su cabeza.

Soy el gato sobre su cabeza. ¿O seré el gato como sombrero?

Él mueve la cabeza inesperadamente, me deslizo en su cabello y me caigo sobre la mesa. Lucho para levantarme y, de una pesquisa de mi vista periférica, veo las letras que forman las palabras en el papel documentando su pensamiento, un simple pensamiento que yo he puesto en su cabeza, como una broma, pero que ha replegado en el papel como algo sabio.

Es una idea que se me ocurrió cuando me di cuenta que nuestra puesta de sol es, para otras personas lejanas, nada menos que el amanecer. Me puse a pensar sobre esta idea por un tiempo, intentando a dar sentido de la forma en que nuestro planeta gira alrededor de su eje.

Le transmito mi observación a sus oídos a través de mis ronroneos, un felino burlándose de las vanidades de la humanidad.

De hecho, me incline y ronroneó en el oído anglosajón y refinado de mi amo calvinista de nacimiento, puritana de temperamento y de sensibilidad católica.

¡Y ya! ¡Ahora ya está escrito en papel!

En mi comienzo está mi fin. En mi fin está mi comienzo.

¡No te babees, pensador Sherlock!

¡Pon este aburrimiento en tu tumba!

22   Tallulah Bankhead

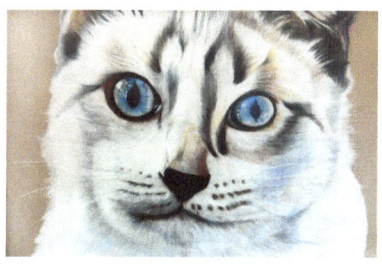

¡Estoy enamorada!

Siempre, sea donde sea, estoy enamorada. Me encanta el blanco y me encanta el negro. Me encanta el agua y me encanta el fuego. Me encanta la salud y me encantan los paros cardíacos.

¡Me encanta la idea de tú! ¡Me encanta la idea de mí! Me encanta la idea de ser considerado y me encanta la idea de ser inconsiderado.

Es noche y estoy en la terraza. La luna ilumina los jardines y en la distancia veo los pretendientes, los gatos de todas las clases económicas, quienes, en círculo, caminan el perímetro de la casona de mi ama.

Yo soy Lascivia.

Como sustantivo, es mi *nombre*. Como adjetivo, es mi *vocación*.

Es como el Señor Noah Webster lo define en su diccionario. Arbitraria o ilegal: sexual desenfrenada; suelto, lasciva, extravagantes o excesivamente lujosos, así como una persona, una forma de vida, o el estilo.

Apostaría que él sabía hacer el amor muy bien. Estoy segura que le entregaba obsequios decadentes a sus amores.

Mi ama, Tallulah Bankhead, es genial en el acto de la felación y esto lo puedes declarar libremente de tus labios.

¿Cómo lo sé?

¡Mis ojos han visto la gloria de tantos licenciados y abogados, actores y magnates, filántropos y pilanderos que han desfilado por las puertas de su recamara!

En 1932, cuando fue entrevistada por la revista de Hollywood *Motion Picture*, provocó un escándalo cuando le dijo al entrevistador lo siguiente: "Lo digo en serio sobre el amor. Sí soy seria sobre el maldito amor . . . ¡No he tenido un romance durante seis meses! ¡Seis meses! Demasiado tiempo... Lo que me pasa es que ¡QUIERO UN HOMBRE! ... Seis meses es un tiempo demasiado, demasiado largo. ¡QUIERO UN HOMBRE!"

Su apetito sexual hizo que la llamaran una ninfómana, por los amables. Ella era más bien conocida por su comportamiento que era ni nada más ni nada menos que de una prostituta. ¡Como si eso fuera algo malo!

"La imitación," el genial Charles Caleb Colton dijo, "es la forma más sincera de adulación."

Adulo a mi ama y, por lo tanto, ¡soy una *felina* que es una *perra*!

Me encanta la manera en que me acaricias en un momento y, en un instante después, me rompes el alma.

Eso es lo que yo les digo a mis pretendientes masculinos.

¡Estoy enamorada!

Creen mi mentira inocente. Me miran con ojos de enamorados. Estos pobres ilusos felinos que maúllan a la luna y bailan bajo la luz de la luna creen una mentira *lascivia*.

Me da envidia mi ama. Los hombres tienen una mayor libertad que los felinos. Le compran tragos, le traen flores, le obsequian chocolates, y le ponen estimulantes a su disposición.

"La cocaína no causa la adicción, lo sé porque la he estado tomando durante años," mi ama le gusta decir.

He inhalado la cocaína una vez y me hizo estornudar.

Es una imagen conmovedora verte esnifar cocaína en el medio de la noche, preparándote para otra ronda de amar y hacer el amor y destrozar mi corazón, le encanta decir con una risa, derramando champán mientras el hombre, la Especialidad de Esta Noche, sirve todo lo que sea necesario para acompañar unas líneas de cocaína que ella exige para animar de nuevo la anticipación de otro orgasmo.

Y el mundo sigue en tal forma, a todo dar.

Estos son los contornos de mi cuerpo. Estas son las luchas de mi vida. Estos son los males del mundo que borro de mi mente cuando arco mi espalda y estiro mis garras; mi silencio llena las preocupaciones que no corresponden a ninguna felina, yo le digo a cualquier pretendiente que se acerca a mí esta noche.

¿Es malo hacer el amor con todos, pero no amar a nadie?

"Muchos de estos romances improvisadas han llegado a sus puntos culminantes en manera que no son aceptables por la sociedad," mi ama una vez me confesó cuando me senté en su vestidor, mientras ella se aplicaba lápiz de labios. "Entro a ellas impulsivamente. Desprecio cualquier noción de su permanencia. Se me olvida el ardor asociado con ellos cuando un nuevo interés se presenta."

Espero que salga bien, esta cosa, este ardor, esta sensación de hormigueo entre mis piernas.

Bajo la luz de la luna puedo ver muchas cosas. En la oscuridad de la noche he sentido muchos placeres. ¡Me encanta la idea de ser considerada!

¡Me encanta la visión de un santo que camine hacia el mar y no hará vuelta atrás. Oh, virtuoso: Ahógate!

Espero que todo salga bien. ¡Me encanta la idea de no ser considerada!

¿Qué no hay que no se pueda amar del hedonismo?

La codeína . . . el bourbon . . .

¡Me encantan ambas!

¡En mi manera delirante, excitante estoy enamorada de la esencia de la vida!

Ese es el significado de mi vida. Ese es el significado de mi nombre . . .

¡Lascivia!

23 Tennessee Williams

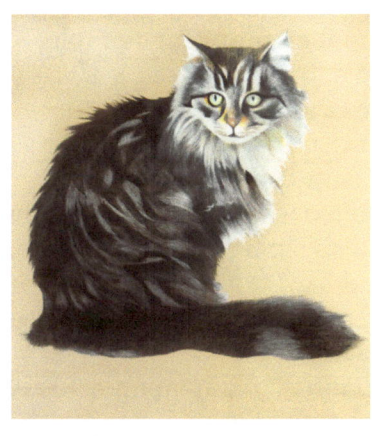

Yo soy, según lo que dicen todos, hermosa. Yo soy la Señorita Dubois.

Yo soy una felina. Sin embargo, soy aún más que eso. Soy una aguda observadora del homo sapiens, el especie que me divierte más que cualquier otro ser—y el que se encarga de mis necesidades físicas.

Mi amo es Tennessee Williams. Él es un hombre maravilloso que me prodiga atención, es como debe de ser simplemente porque soy, según lo que dicen todos, hermosa.

No crea que soy altanera o arrogante. Que soy, según lo que dicen todos, bella no es mi culpa. Y no pienso que mi belleza es obra mía. Es un don otorgado por Dios.

Tampoco es mi intención de ser vana. Yo sólo soy honesta.

Por supuesto, como una felina que se creció en el sur estadounidense adherido a ciertos protocolos gentiles que corresponden a una crianza de buena educación.

Ante todo, trato de ser amable con todos, felinos y seres humanos por igual.

Aunque sea mi educación ser gentil, debo confesar que es una característica rara. No todos los felinos en el mundo son tan amables como una gata que se educó en un hogar del sur estadounidense. ¡No todos los gatos tienen la suerte de haber sido criado en un hogar sin techos de lata!

Le voy a decir esto. Se trata de mi amo, Tennessee Williams. Si, según lo que dicen todos, yo soy hermosa, entonces él, según lo que dicen todos, es amable.

Su bondad es más evidente en la atención que le prodiga a su hermana, Rosa. Ella es un idiota—pero digo esto usando el sentido estricto de la palabra.

Esto es lo que ocurrió—y es trágico.

Cuando era una adolescente, Rosa, como todas las adolescentes del mundo, comenzó a descubrir y explorar su propio cuerpo. Esto es natural y esto es una parte sana de la pubertad. Sin embargo, un día su madre, Edwina, que contaba con un criterio muy estrecho acerca de la sexualidad, entró en la recamara de Rosa cuando la joven se masturbaba. La simple idea llenó a Edwina de horror y ella se convenció que su hija Rosa estaba o bien poseída por las fuerzas demoniacas o estaba enferma de la mente.

Es importante entender la época y el lugar. Estamos hablando de un período cuando la sexualidad femenina estaba reprimida en los Estados Unidos durante la década de 1940. Las libertades de una generación anterior habían dado paso a la censura a raíz de la moralidad impuesta en la sociedad estadounidense por la segunda guerra mundial que resultó en la represión de las libertades asociadas con los años de la década de 1920. Las más feroces de la represión fueron a través del llamado Código Hays que impuso un programa de auto-censura en la industria del entretenimiento. Desde 1930 hasta 1968 el Código de Producción de la Películas, conocida en inglés como el Motion Picture Production Code, impuso valores puritanos que se consideran hoy en día como una forma de "terrorismo cultural" que sacudió la sociedad estadounidense. Eso, y el carácter represivo de las enseñanzas episcopales en el sur estadounidense, convencieron a Edwina que un mal terrible le afectaba a Rosa.

Se puso a espaciar rumores crueles sobre su hija. Convenció a los miembros de la familia pensaran que Rosa padecía de esquizofrenia. Odiaba lo que sus hijos, a su forma de pensar, eran—una ninfómana y un gay. Edwina no fue una madre cariñosa y no demostró bondad hacia sus hijos. Por lo tanto, la decepción de Edwina en sus hijos terminó en tragedia: Edwina insistió que los doctores de su hija la sometieran a una lobotomía con la esperanza de que Rosa se "olvidara" de la libertad que nace cuando una mujer está en pleno control de su propio cuerpo, incluso la sensualidad de su sexualidad. El tratamiento acabó horriblemente; Rosa fue institucionalizada y Tennessee pasó el resto de su vida cuidando a su querida, pero idiota, hermana.

En los decenios que siguieron, a través de todas las vidas que he vivido como una gata que cuenta con nueve vidas, Tennessee, fue firme y valiente, un hermano que siempre extendió cada bondad a Rose.

¿Fue Tennessee un hombre perfecto?

No. Nadie es perfecto. Bebía en exceso. Constantemente se peleaba con uno de sus mayores amores de su vida, el mexicano Pancho Rodríguez y González. Su relación con Pancho, aunque tumultuoso, duró durante más de medio siglo.

La bebida no era su única falta. Tennessee también se hizo dependiente de medicamentos farmacéuticos. Careció de la discreción; ¡cuándo viajó a Nueva York almorzaba con la personas como Andy Warhol!

¡Imagínese algo por el estilo!

Pero con su hermana, siempre fue amable.

Todos comentaban sobre su lealtad a ella—y su lealtad a mí.

"¿Todavía con esa misma vieja gata?" algunas mujeres zalameras dirían cuando me veían.

"¡La Señorita DuBois desafía las décadas!" le contestaba en mi defensa. "¡Su amor, no su edad, es lo que me importa a mí!"

Su devoción a su hermana y su adoración a mí eran ambas firmes.

Muchos seres humanos encontraban eso extraño. Muchos comentaron que su falta de egoísmo fue peculiar. Otros encontraron que su amor a todos que formaban parte de su vida como a extraños.

Encontré este tipo de actitud ofensivo. Encontré esa falta de generosidad humillante. Me pareció que el supuesto de que uno tenía que ser egoísta una calidad de seres pocos generosos.

Siempre que alguien hacía un comentario semejante, me sentaba y con la espalda derecha, me ponía a lamer mis patas y dar la mirada.

Estas actitudes me llenaban de tristeza hasta el punto de volverme azul simplemente porque eran palabras malvados.

Sobre los homo sapiens, yo os dejo con esta observación: *siempre me ha ofendido el extrañamiento de la amabilidad.*

24 Truman Capote

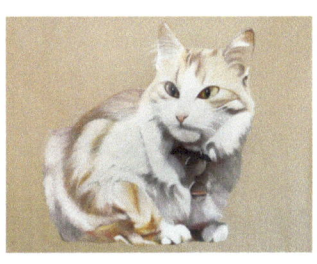

No hay duda de que fui un gato malvado en mis *ocho* vidas anteriores!

No hay otra explicación. No hay absolutamente ninguna otra explicación para justificar este infierno que vivo al tener que estar atado a este viejo borracho en mi vida presente.

Me siento. Lo miro. Lamo mis patas.

No me atrevo a moverme; temo incurrir en la ira de esta monstruosidad de un ser humano a quien el destino me ha atado.

El Destino. ¡Eres un desdichado ser!

Supongo que ni siquiera podía escapar y largarme. Pero ese acto demostraría algo más que la imaginación: exige *iniciativa*.

Además, no estoy convencido de mi capacidad para sobrevivir por mi propia cuenta. Tampoco me inclino a pensar en un futuro sin el caviar que Joanne Carson envía a mi amo varias veces al año—caviar que llega a mi boca servido en una cuchara de plata esterlina, de la marca Gorham Chantilly Gumbo que él siempre tiene a la mano para darme golosinas.

¿Será que estoy consentido? ¿Será mi dependencia en mi compañero humano una relación enfermiza?

Permítanme reflexionar sobre esto y, al mismo tiempo que lamo mis patas, bostezo, mirándote como si no estuvieras en mi línea de vista.

Ya acabe de pensar. He llegado a una conclusión: ¿Qué demonio importa si es una relación enferma o no?

Siempre y cuando mis necesidades sean atendidas y pueda seguir mirando a mi amo con desdén, no considero nuestra relación enferma.

Él sólo existe para asegurar que mis necesidades sean satisfechas. Sus propias necesidades pueden ser atendidas por un camarero, un farmacéutico y un gay cualquiera.

Ah, me olvidaba: y una vieja tonta adinerada que le encanta contar con homosexuales entre sus íntimos, una mujer con dinero siempre y cuando nos proporcione bocados refinados y de gourmet como delicias para saborear.

Una vez pensé que podríamos tenerlo todo, en lo que cabe las relaciones entre seres humanos y felinos. Pero el sueño se aleja a raíz de las enfermedades del alcoholismo y las dependencias a farmacéuticos de este viejo borracho y drogadicto. Cómo fue su dependencia en farmacéuticos y al trago comenzó es algo que ya no puede recordar; me parece como una pesadilla de una vida anterior.

Por supuesto, si quisiera me pudiera echar la culpa pero no me agrada contemplar fantasías.

Mi propio engaño puede ser algo de una escena de la cinta *Breakfast at Tiffany's*, mejor conocida como *Desayuno en Tiffany's* en Hispanoamérica y *Desayuno con diamantes* en España. Recuerda la escena donde Holly Golightly le dice al dichoso felino que llega a su vida:

¡Él está bien! ¿No es cierto, gato? ¡Pobre gato! ¡Pobre haragán! ¡Pobre haragán sin nombre! De mi modo de pensar, yo no tengo el derecho a darle un nombre. No nos pertenecen el uno al otro. Simplemente nos conocimos un día por el río. No quiero tener nada hasta que me encuentre un lugar donde yo y las cosas van de la mano. No estoy segura de donde estará ese lugar, pero sé cómo será. Es como la tienda Tiffany's.

¡Oh, por supuesto, me atraía la divertida visión de Truman Capote cuando se viste en *drag*! ¡Un vestidito negro para un hombrecito tan gordito como una salchicha liliputiense! ¡Esa visión hizo que mis pupilas se dilataran!

Podría haber sido tan fácilmente mi vida real a un amigo al estilo de "Huckleberry" y que, como dice la canción, hubiéramos llegado al fin del arco iris, que me prometió, estaba justo a la curva del río.

Hubiera sido posible, pero eso fue años atrás, antes que las drogas y el alcohol y los gais que contrata para relaciones sexuales.

¡Pobre gato de mí! ¡Atado a este pobre haragán!

En una palabra: ¡Resignación!

Otra temporada y hemos llegado a las playas de South Beach. Estuvimos en Los Ángeles hace unos meses y estaremos en Connecticut en unos meses a partir de hoy. Así somos, dos vagabundos, vagando por todo el mundo hasta que, a raíz de la naturaleza perversa y los insultos de mi amo, acaba con la bienvenida de nuestros anfitriones.

"¿A cual dirección quieres que se mande tu equipaje, Truman? Lamento que hemos decidido cerrar la casa por la temporada pues ha surgido algo inesperado."

"¿Qué?"

"Sí, resulta que tenemos unas obligaciones en Londres que requieren nuestra presencia inmediata, mi vida. ¿Entiendes nuestra situación, querido?"

Y de tal manera nos despachan, a dos haraganes a continuar en su camino por las curvas de la vida.

Este invierno nos encontramos en Miami Beach.

"¡Con tantos latinoamericanos aquí, mi gato es un *gatito*! En castellano el diminutivo de gato es *gatito*, ¿verdad?"

Es de esta manera que me convertí en el *gatito* al interminable desfile de borrachos, drogadictos, y los pedófilos que encuentran camino a este antro de vicios día y noche que constituye el departamento donde vivimos.

Es miércoles por la mañana, pero parece como el lunes después del Super Tazón en la cinta *Animal House*, mejor conocida como *Colegio de animales*.

Discúlpame mientras me llamo las patas y trato de no pensar de lo que transcurrió anoche.

Sin embargo, aquí me siento sobre la mesa de comedor.

Ya llego la tarde y esta habitación está tan cálida como un invernadero de cristal bajo el sofocante sol de la Florida. El lugar apesta a rancio whisky y vómito fermentándose, mezclado con el humo de cigarros.

Mi amo sale y entra en su conciencia; las botellas vacías de bebidas alcohólicas yacen desparramadas; descansa su cabeza sobre su brazo y se encuentra sentado a la mesa del comedor. Manchas de vómito, seco y crujiente, se ven en las fosas nasales y el labio superior; saliva babea desde un lado de la boca. El único movimiento es un jalón ocasional entre sus suspiros y sus ronquidos.

Hay veces cuando me pregunto a mí mismo si el caviar Daurenki merece que permanezca aquí, lamiando mis patas mientras estoy sometido a esta visión que tortura.

Al mismo tiempo temo y añoro de su sobredosis, evidencia de cómo soy de dos mentes al contemplarlo.

La *idea* de Truman Capote es más llamativa que la *realidad* de Truman Capote.

25 Victoria Ocampo

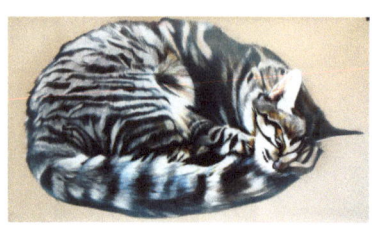

Cuando mi ama recibe visitantes del extranjero y que nunca la habían visitado aquí previamente, muchos de ellos estaban sorprendidos por la arquitectura.

Si supiera lo contrario, te juro que podríamos estar en cualquier capital europea.

Ella se reía. Con su manera gentil y tranquila les aseguraba, "Te voy a mostrar algo."

Entonces los llevaba a la cocina, encendía el grifo—*et voilà*—y veían como el agua se drenaba en el sentido contrario de las agujas del reloj.

"La fuerza de Coriolis es responsable de que los líquidos se vacíen en el sentido contrario al de las agujas sur del ecuador y a la derecha al norte del ecuador: ¡Te aseguro que estamos al sur del ecuador!" mi ama Victoria declaraba con confianza. "De veras estamos en Buenos Aires, Argentina—y no en algún lugar de Europa."

Victoria Ocampo se convirtió en mi ama cuando ella me adoptó durante la Navidad de 1945 en Núremberg, Alemania. Ella era la única argentina que asistió a los juicios de Núremberg, y para tener compañía en las ruinas de Europa después de la segunda guerra mundial, yo me convertí en su mascota felino.

Nomi es mi nombre. Yo soy Nomi tanto por la belleza de ese nombre hebreo como también una declaración de rebeldía contra el mal que pasa a Europa durante la guerra. Por supuesto, yo no soy judía técnicamente. Si bien es cierto que todos los gatos son animistas, ningún gato adhiere a una religión específica.

Después que los juicios concluyeron, seguimos a París, donde no revele a ningún otro gato que nací en Alemania ya que no deseaba causar un escándalo durante nuestra estancia en Francia.

Desde allí nos zarpamos a Buenos Aires. Yo no sabía qué esperar, de verdad. Así que se puede imaginar mi alegría de encontrar una ciudad que nunca había sido bombardeada o invadida, en donde la gente vivía diferentes tipos de vidas fuera de los constantes conflictos que caracteriza la vida y la historia de las etnias salvajes que habitan el continente europeo.

Mi ama Victoria era vibrante, llena de vida con sus ideas e intelecto. Su casa era un lugar donde los visitantes comentaban sobre el *Infierno* de Dante, *Orlando* de Virginia Woolf y *The Seven Pillars of Wisdom* de T. E. Lawrence.

Así debía de ser. Mi ama Victoria, en 1931, fundó y publicó *Sur*, una revista literaria. Se convirtió en la más importante publicación en América Latina. Entre los escritores que *Sur* publicó incluyera Jorge Luis Borges, Julio Cortázar, José Ortega y Gasset, Manuel Peyrou y Albert Camus. Borges fue un asiduo visitante a nuestro hogar.

Cada vez que se presentó, me bajaba de mi percha en el tercer estante del librero en su estudio—era costumbre entre los parisinos de buena educación de posicionar cojines en el tercer estante de sus libreros para *les chats magnifiques du ménage*. Mi ama Victoria contó con una niñera francesa durante su infancia que le enseño y por lo tanto ella adopto muchos hábitos franceses sin saber que lo eran. A su manera, como una argentina orgullosa ella creía necesario defender sus tendencias francófilas. Ella observaba que "el libro del alfabeto del cual aprendí a leer fue francés, como también fue la mano que me enseñó a dibujar esas primeras letras." Yo solía llegar a Borges y saltaba sobre su regazo. Él amablemente me acariciaba mientras yo escuchaba a este o aquel sobre, aquello o lo otro.

Argentina siempre mantenía la esperanza de esta manera. Y estaba lleno de posibilidades y promesas.

Esto no quiere decir que Argentina siempre ha estado a la altura de su potencial o promesa. ¡En muchas maneras es demasiado parecida a Europa!

¿Qué quiero decir?

¡Quiero decir que, aunque pasé incontables tardes tomando siestas de gato en el tercer estante de la librería en el estudio, viví unos meses en 1953 cuando pasé días enteros escondidos bajo la cama de mi ama Victoria!

Fue cuando ella fue encarcelada por oponerse a la dictadura fascista de Juan Domingo Perón. Ocasionó gran revuelo cuando la esposa de Perón, Eva, también denunció a mi ama Victoria como una "vil burguesa"—cosa que yo no podía entender.

¿*Una perra vil?* Mi ama Victoria era un ser humano, ¡no un animal!

Borges le había advertido de la posibilidad de que sería perseguida por el régimen del dictador como muchos otros intelectuales públicos habían sido. Ella contestó que rechazaba categóricamente lo que generaban resentimiento y desconfianza al intelecto humano; a la vida de la mente y de las ideas; y a aquellos que dedican su vida a actividades intelectuales. Borges se sorprendió por su actitud desafiante la declaró "la mujer más argentina."

Mi ama Victoria regresó a casa después de unas semanas de encarcelamiento y yo volví a la tercera estante del librero. Trascendió Juan Domingo Perón quien, como es el destino de todo mal, a buena hora murió acabando con su presencia en este mundo. Tal vez se encuentre en el noveno círculo del Infierno de Dante por su traición a la humanidad.

En lo que corresponde a mí, Nomi, yo estuve feliz de vivir de mis nueve vidas consecutivas en el hogar y en los brazos de mi ama Victoria.

Ella me protegía de los fascistas y extremistas independientemente de que manera que circulaba el agua al vaciarse en el fregadero.

Zelda Fitzgerald

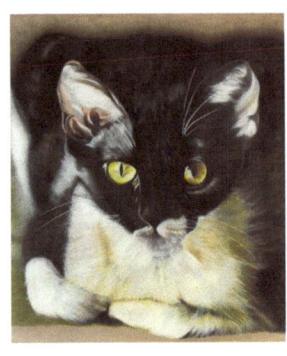

Durante las fiestas mi lugar favorito es la repisa de la chimenea del comedor. Desde este punto de vista puedo sentarme y disfrutar de alegría. También puedo caminar hacia adelante y hacia atrás en la repisa, mostrando como un felino *debonair* se mueve. Las damas siempre se acercan a mí y hacen un alboroto cuando ronroneo o maúllo, dependiendo de mi capricho.

Gozo de la satisfacción del amor y devoción de mis admiradoras. ¡A este gato, nada agrada tanto como ser acariciado por todo mi cuerpo por preciosas mujeres! Añoro la adoración que me ofrecen. Las más *sexys* son quienes me toman en cuenta y llegan a la casa con regalos para mí, maravillosos obsequios que demuestran que pensaron en mí de antemano. Zelda se pone tan feliz cuando alguien le dice, "¡Aunque no lo creas, te traje un regalo para tu precioso gato!"

Por supuesto, no obstante los regalos, mi corazón pertenece a mi bella ama, la Señora Zelda Fitzgerald, pero tengo que admitir que me encantan sus amigas.

Yo soy Diego.

Ah, entonces, sobre los acontecimientos de anoche, ¿qué es lo que quieres saber? Si te interesa el chisme entonces no eres mejor que los periodistas de la prensa amarilla que escriben basura sobre el Señor F. Scott Fitzgerald y su esposa en los tabloides.

Y a eso tengo una sola palabra: ¡Increíble!

Me perdonarán, pero yo no divulgo ningún secreto que traicionara a mi ama. Cualquier cosa al contrario sería poco caballeroso de mí parte, ¿no?

Basta con repetir lo que Edmund Wilson escribió de su asistencia a una fiesta en el hogar de los Fitzgerald el año pasado. Estamos en 1929, y por lo tanto, con simple matemáticas, esto es lo que el Señor Wilson escribió en 1928:

> Me senté junto a Zelda, que se encontraba en su mejor iridiscente. Algunos de los amigos de Scott se irritaban; otros fueron encantados por ella. Yo fui uno de los que quede encantado. Ella tenía lo extraño de una dama al estilo del sur estadounidense y contaba con la falta de inhibiciones de un niño. Habló con tanta espontaneidad e inteligencia—casi exactamente en la manera en la que ella misma escribe—que, en poco tiempo, dejó de ser perturbada por el hecho de que la conversación fue con el carácter de "libre asociación" de ideas y uno nunca podía dar seguimiento a nada. Pocas veces he conocido una mujer que se expresaba tan deliciosamente y de manera tan refrescante: ella no tenía fra-

ses preparadas por un lado, y no hacía mucho esfuerzo para dar un efecto u otro.

Sobre la fiesta de anoche, bueno, había confeti y las personas lucieron sombreros. Los globos estaban llenos de helio y me encantó cómo jugué con las cintas coloridas que estaban atadas a ellos. Me reprendieron por saltar entre las cintas mientras los globos flotaban hacia el techo. No es que me importara, a fin de cuenta, las cintas que cuelgan de los globos son siempre divertidas, ¿no? Por supuesto que lo son—¡y tú lo sabes!

Cuando empezó la fiesta con el "pop" de las botellas de champaña, los sonidos de tintineo de las copas de cristal, las risas de los hombres y las mujeres que se dedican a la alegría, ella estaba en su elemento.

Se movía de invitado a invitado, dándole besos reales a cada hombre en su mejilla. Ella tenía la costumbre de permitir que los hombres le besaran su mano, pero ella siempre entrelazadas las manos de las damas, las llevaban a sus mejillas ¡y les besaba las palmas de sus manos!

¡Qué inesperado! Sospecho que lo hacía con el fin de evitar que los perfumes de los rostros de las otras mujeres se mezclaran con su propia fragancia. Se trata de algo exclusivo de ella, la manera en la que ella misma, con sus ojos enfocados en cada uno de sus invitados, les daba la bienvenida tanto a la fiesta como a su casa.

Vivía su vida en la misma manera que alentaba a los jóvenes mujeres estadounidenses que vivieran las suyas. En caso de que necesite un recordatorio, así es como mi ama describió a la mujer estadounidense moderna:

La "Flapper" despertó de su letargo de su "sub-debutantismo," peinó su cabello al estilo "bob cat," lució su par de aretes más selectas y con mucha audacia y rouge y entró en la batalla. Ella coqueteó porque era muy divertida coquetear y llevaban un traje de baño de una pieza porque contaba con una buena figura . . . ella estaba consciente de que las cosas que ella hacía eran las cosas que siempre había querido hacer. Las madres no aprobaban cuando sus hijos llevaban a una Flapper a los bailes, a tomar té, a nadar y aún peor a su corazón.

Hice cabriolas hacia atrás y hacia adelante a lo largo de la repisa toda la noche. Varios invitados colocaban copas de champaña y copas de whisky en la repisa. Me moví en torno a ellos con facilidad, mientras el confeti caía entre todos nosotros, brillante y causando que las mujeres se reían. Las damas estaban encantadas con los globos que flotaban sobre ellas y los señores se retiraban para fumar sus cigarros con otros señores.

Si usted cree que hablo de una fiesta de Fin de Año, le perdono por pensar que de eso me refiero. No era la víspera de Año Nuevo. ¡Se trata simplemente de una *fete* en la casa de los Fitzgerald! Sospecho que la mayor parte de las madres estadounidenses desaprobarían; afortunadamente, ¡ellas no habían sido invitadas a esta fiesta que trajo tanto placer a los hombres y mujeres que sí habían sido invitados y asistieron!

Cerca del final de la noche, Zelda se acercó, me acarició y me besó y con mucha drama demostró su afecto por mí.

Se deslizó a mi lado, me rascó detrás de las orejas, me besó en la cabeza, y colocó una boina roja en mi cabeza. ¡Nada me hace lucir tan pulcro y *debonair* como cuando luzco una boina roja y brillante, algo que se destaca claramente en contra de mi pelaje negro!

"Eres es el único y verdadero amor de mi vida," dijo con una risa. "¡Eres el *joie de vivre* de mi vida!"

Y, con eso, ella, vertiginoso y con deleite, se alejó mientras la brisa movía las cortinas, ella riendo con su sonrisa alegre y sus ojos brillantes, con las cintas de los globos revoloteando en su rostro.

¡Allí! ¡Usted mismo lo escucho! ¡De los labios de la elegante y eterna Zelda Fitzgerald: ¡Yo soy *la vida* de su vida!

¡La vida es un gato en una boina, amiguete viejo!

¡La vida es un gato en una boina!

www.ingramcontent.com/pod-product-compliance
Lightning Source LLC
Chambersburg PA
CBHW051155220526
45473CB00003B/784